Neuroeducación

GESTIONA SUS EMOCIONES
MEJORA SU APRENDIZAJE

Belén Piñeiro

Neuroeducación /Belén Piñeiro. —1st ed.
ISBN 978-1544023069

Contenido

Presentación

En pleno año 2017 por fin podemos decir que la educación está de moda. Cada vez son más los padres y docentes que se preocupan por mejorar su labor educativa, por formarse, innovar, motivar, descubrir el potencial de los niños y ayudarles a potenciarlo al máximo.

Mi nombre es Belén Piñeiro, soy profesora de Educación Infantil, especialista en educación emocional y desde hace años trato de promover la educación integral en las escuelas y en las familias, proporcionando herramientas a la comunidad educativa para lograr este objetivo. Parte de este trabajo se ve reflejado en mi página web: maestradecorazon.com.

En el último año realicé la Maestría en Neuropsicología y Educación. Descubrí la gran importancia que tiene conocer el funcionamiento del cerebro para la labor de enseñanza-aprendizaje y todos los beneficios que esto nos proporciona, por lo que decidí compartir estos conocimientos con todos aquellos interesados a través de un videocurso on-line sobre Neuroeducación.

Una de las ventajas que tiene trabajar a través de la red es que te resulta más sencillo conocer a otros profesionales de tu mismo gremio independientemente de la ciudad en la que se encuentren, compartir impresiones, experiencias y enriquecernos mutuamente. Tras varios años escribiendo en mi blog y realizando colaboraciones con otros docentes, nació la idea de la crear escuelaconcorazon.com, una plataforma donde los mejores expertos en innovación educativa compartan sus conocimientos y experiencia con padres y educadores a través de videocursos en diferido. Seas padre o profesor, te recomiendo de corazón que le eches un vistazo a todo el material y a los profesionales que formamos esta plataforma, estoy segura de que encontrarás material que te resultará de interés.

Este libro es una pequeña muestra del conocimiento y la información que existe en la actualidad y que se multiplica día a día sobre la formación y desarrollo de nuestro cerebro, sobre cuáles son las mejores formas en las que se forma el aprendizaje, sobre cómo motivarlo hacia el conocimiento del mundo, de sí mismo y de los demás.

Estoy segura de que estos avances te ayudarán a comprender mejor la etapa de desarrollo en la que se encuentran tus pequeños y te facilitará tu labor educativa. Tan solo me queda darte las gracias por permitirme acompañarte en este camino y desear que disfrutes del contenido de este libro.

Belén Piñeiro
escuelaconcorazon.com

Introducción

¿Qué es la Neuroeducación?

Aprender es un proceso innato e imprescindible para mantener la vida y la continuidad de la especie. Es la necesidad más vieja del mundo: como comer, beber o reproducirse. Al nacer, el primer mecanismo cerebral que se activa es el del aprendizaje, el responsable de la adaptación al medio ambiente y la supervivencia.

El descubrimiento de la plasticidad cerebral ha supuesto una revolución a nivel científico y educativo. El cerebro tiene la capacidad de cambiarse a sí mismo, de adaptarse como respuesta a sus necesidades y experiencias vitales. El cerebro puede moldearse, generar nuevas conexiones neuronales, reorganizar funciones... es más, incluso si se producen daños en un hemisferio cerebral durante los primeros años de vida, el cerebro tiene la capacidad de remodelarse si le ofrecemos las experiencias adecuadas, traspasando ciertas funciones que normalmente se desarrollan en la parte dañada del cerebro, a otras diferentes. Estas nuevas áreas pueden aprender y desarrollar esas habilidades.

Esta visión de la experiencia en relación con la capacidad cerebral de adaptación y aprendizaje, demuestra aún más la importancia de que padres y educadores se impliquen de manera real en el desarrollo y aprendizaje de los niños.

Hoy en día estamos viviendo un cambio en la perspectiva educativa. Cada vez es más frecuente oír hablar del fracaso del sistema educativo en las escuelas, y en las familias también ha habido una ruptura con los modelos de crianza anteriores, tratando de buscar una mejora cualitativa para desarrollar al máximo las capacidades de nuestros niños.

Partiendo de esta premisa aparece lo que llamamos *neuropsicología infantil*. Así se define a la ciencia interdisciplinar que estudia las relaciones entre la conducta y el cerebro humanos desde el nacimiento hasta el inicio de la pubertad. De ella se han desprendido la neuropsicología del aprendizaje, la neuropsicología escolar, la neuropedagogía y, como no, la *neuroeducación*.

Veamos con un poco de profundidad los dos términos más importantes que verás a lo largo del libro, antes de entrar en materia y comenzar con la práctica. No es necesario memorizar definiciones, pero sí comprender de qué estamos hablando cuando nos referimos al término neuroeducación.

La *neuroeducación* es una nueva visión de la enseñanza que aprovecha los conocimientos sobre cómo funciona el cerebro integrados con la psicología, la sociología y la medicina para tratar de mejorar el proceso de aprendizaje, sacando el máximo partido a nuestras capacidades.

La *neurociencia* ya ha demostrado que la emoción y la cognición van unidos. Es un binomio indisoluble, uno no existe sin la presencia del otro. Este diseño, labrado a lo largo de muchos millones de años de proceso evolutivo, nos indica que toda información sensorial, antes de ser procesada por la corteza cerebral en sus áreas de asociación (procesos mentales, cognitivos), pasa por el sistema límbico o cerebro emocional, en donde adquiere un tinte, un colorido emocional. Y es después, en esas áreas de asociación, en donde, en redes neuronales distribuidas, se crean los abstractos, las ideas, los elementos básicos del pensamiento.

Comprendiendo algunos aspectos de neuroeducación, los padres y educadores pueden funcionar como los mejores mentores de los niños, alguien que transmite su saber y experiencia, mientras motiva a su aprendiz y le ayuda a ser la mejor versión de sí mismo.

Afortunadamente, ya hemos asumido que la inteligencia no está unida al cociente intelectual. Al haber profundizado más en el funcionamiento del cerebro, podemos afirmar que el cociente intelectual es una mínima parte del conjunto de inteligencias que ya se han determinado. Hoy sabemos que los niños no sólo pueden tener más de un talento, sino también desarrollar más de uno.

También sabemos que la mayoría de ellos están relacionados con capacidades internas, que son las que permiten gestionar adecuadamente las emociones. Parece increíble, pero desarrollar talentos, nos hace más felices, porque hacemos lo que nos resulta fácil y nos impulsa a automotivarnos y seguir perfeccionando. En general hablamos de las inteligencias definidas por Howard Gardner como: talento lingüístico, musical, naturalístico, físico, lógico-matemático, interpersonal, intrapersonal... pero seguramente hay muchos más que todavía desconocemos, y que aparecen a cualquier edad.

Cualquier padre, madre o educador desea facilitar a sus pequeños el desarrollo de todo su potencial. Ayudarles a percibir sus capacidades naturales les permitirá sentirse satisfechos consigo mismos y ése es el primer paso para el éxito personal y profesional.

A lo largo de este libro aprenderás acerca del funcionamiento del cerebro infantil, así como las herramientas necesarias para fomentar su correcto desarrollo intelectual y emocional. Tener unos conocimientos básicos acerca del cerebro nos ayudará mucho en nuestra labor como educadores para desarrollar su conducta, sus valores y su personalidad.

Adquirirás los principios teóricos para guiar a tus hijos en su crecimiento y obtendrás las herramientas prácticas que necesitas para acompañarte en esta labor, construyendo una relación afectiva y sana con tu hijo.

Neuroeducación y aprendizaje

Permíteme que te realice dos preguntas muy simples: *¿Para qué educas? ¿Cómo te gustaría que sea el adulto en el que se convertirá el niño que estás educando hoy?* Creo que cada día, afortunadamente, somos más los que respondemos a estas preguntas diciendo que nos gustaría que los niños que estamos educando, el día de mañana se conviertan en adultos felices. Que sean personas realizadas, con una vida que les llene, tanto en el aspecto personal, como en el profesional.

Como hemos señalado anteriormente, nos encontramos inmersos en un cambio de modelo educativo. Creo que no me equivoco al decir que nunca se ha hablado tanto de educación como en la actualidad. Educadores, pedagogos, científicos y demás profesionales, acompañados de los padres, tratamos de encontrar la llave maestra educativa, el secreto para desarrollar al máximo las habilidades de nuestros niños, que es, al fin y al cabo, el objetivo principal de la educación.

En los últimos años, investigadores de todo el mundo comenzaron a preguntarse qué había ocurrido para que saltase la *"epidemia del fracaso escolar"*. Cuántas veces lo hemos escuchado y cuántas lo hemos repetido: 'Soy mala en Matemáticas', 'la Química (o la Historia, la Lengua o la Literatura...) se me da fatal'. Estas afirmaciones son ideas erróneas que nos inculcan desde muy pequeños y que se quedan como lapas pegadas en nuestro pensamiento. Sin embargo, en realidad, el cerebro tiene una asombrosa plasticidad y gracias a ella, **cualquiera de nosotros puede superar lo que cree que son sus propios límites.**

Hace unos años, cuando apenas se sabía nada de la neuroeducación, a ningún padre se le ocurría transmitir a sus hijos recursos para activar las hormonas del entusiasmo o la motivación y llevar estos aprendizajes a su vida social. Hoy sí. El maravilloso mundo de las neuronas espejo nos ha permitido no solo comprobar que el cerebro está programado para imitar, sino también para activarse positivamente mediante la empatía y el cuidado, y cómo éstos hacen a nuestros niños y adolescentes más felices.

Y hay más: hoy sabemos que la felicidad es contagiosa. Una persona feliz no solo aumenta la felicidad de las personas de su entorno inmediato, sino que esa felicidad es a la vez contagiada y ese bienestar interior, en cualquiera de las dos direcciones, es tremendamente beneficioso para el cerebro y los aprendizajes. Un motivo más para que nuestros hijos sean felices.

La neuroeducación nos ha permitido conocer cómo funciona nuestro cerebro cuando estamos aprendiendo. Nos ha enseñado algo tan importante (a la vez que tan básico) como que para aprender necesitamos estar emocionados, sentir curiosidad, estar motivados.

Hoy, sabemos que las principales funciones ejecutivas de nuestro cerebro: concentración, autocontrol y memoria a corto plazo, se rigen desde el lóbulo prefrontal. Para que las conexiones neuronales de este lóbulo se realicen correctamente, necesitamos recibir un estímulo de la *amígdala*, núcleo de nuestras emociones. Ella es la encargada de generar la "gasolina" necesaria para que nuestro aprendizaje sea efectivo. Por eso, cuando algo nos gusta, somos capaces de concentrarnos en esa actividad durante más tiempo, eludiendo las distracciones y aprendiendo todo lo necesario. La emoción es el elemento clave del aprendizaje.

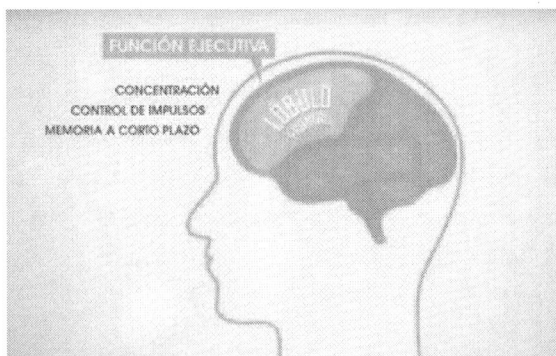

FUNCIÓN EJECUTIVA
CONCENTRACIÓN
CONTROL DE IMPULSOS
MEMORIA A CORTO PLAZO

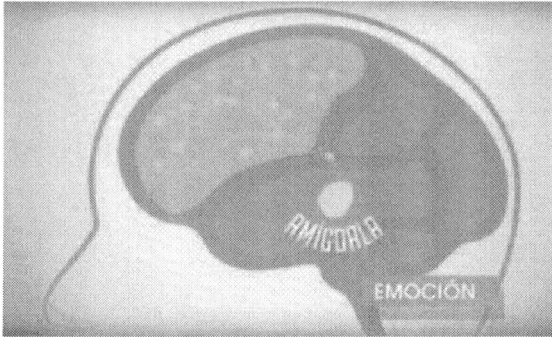

En este libro te mostraré todas las claves para que aprendas a desarrollar la Inteligencia Emocional de tu hijo -o alumnos-, para que crezca con una buena autoestima, para que disfrute de su infancia, superando sus miedos, afrontando todos los retos que se le pongan por delante.

También tendrás las herramientas para fomentar su desarrollo intelectual, mejorar su concentración, su memoria, para que disfrute más del aprendizaje y tome mejores decisiones y resuelva problemas de forma eficaz y creativa.

Durante los 6 primeros años de vida, el cerebro de tu hijo tendrá una capacidad de aprendizaje inigualable. Hay un dicho atribuido a la asociación jesuita que reza lo siguiente *"Dame los 6 primeros años de vida de un niño y te devolveré al hombre que quieras"*. Esta sentencia demuestra claramente que el aprendizaje de la primera infancia es crucial para la formación de nuestra personalidad.

CAPÍTULO 1

Desarrollo del cerebro en la infancia

> *"El cerebro humano es el órgano más complejo del universo".*
>
> *- Isaac Asimov*

A día de hoy, esta afirmación puede seguir considerándose como válida. Nuestro cerebro está compuesto por nada más y nada menos que unas 100.000 millones de neuronas, que son conectadas mediante conexiones sinápticas. Se calcula que cada una de estas neuronas posee a su vez unas 500.000 conexiones.

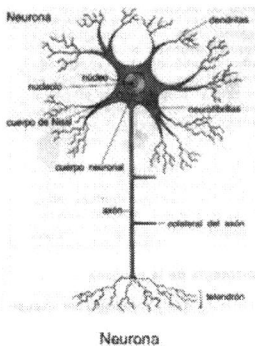

Neurona

Conexión sináptica

La evolución del cerebro humano

Cuando hablamos del cerebro, a casi todos se nos viene a la cabeza una única imagen. Pensamos en el cerebro como una única unidad. Sin embargo, el cerebro humano consta de tres formaciones o tres cerebros a los que casi nos podríamos referir como independientes.

Estos tres cerebros son, en orden de evolución: el cerebro reptiliano, el límbico y el neocórtex. *Los tres cerebros están interconectados* a nivel neuronal y bioquímico y cada uno se encarga de distintas funciones de nuestro cuerpo, afectando directamente a nuestra salud, bienestar y rendimiento personal, profesional o académico.

Veamos las principales funciones de cada uno de ellos:

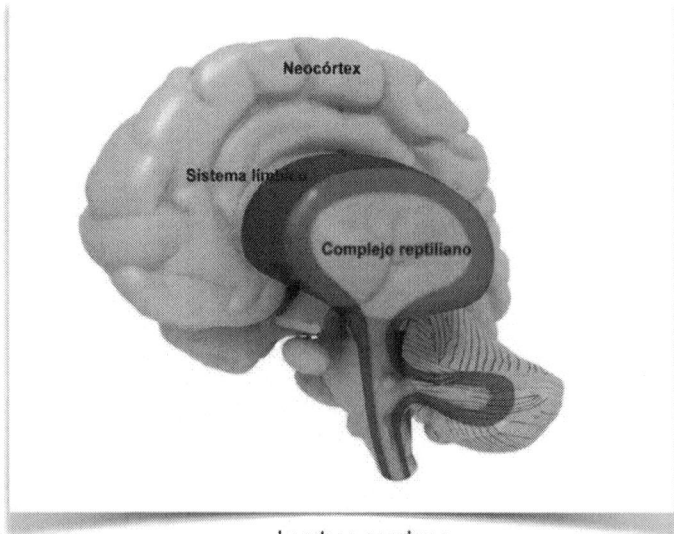

Los tres cerebros

- **Cerebro reptiliano**: Es el cerebro más primitivo de los tres. Es el encargado de nuestras respuestas fisiológicas, de asegurar nuestra supervivencia: los reflejos, el control de la temperatura corporal, la respiración, los latidos del corazón, el hambre, la sed, el sueño...

- **Sistema límbico**: También conocido como *"cerebro emocional"* o *"cerebro mamífero"*. En él se almacenan nuestras emociones y recuerdos. Destaca la figura de la **amígdala, responsable de nuestras respuestas emocionales tanto innatas como aprendidas**. Entre las funciones y las motivaciones del sistema límbico están el miedo, la rabia, el amor maternal, las relaciones sociales, los celos...

- **Cerebro racional o neocórtex**: Es el cerebro "superior", característico de los humanos y algunos mamíferos como los delfines. Se ocupa de la conciencia y control de las emociones, a la vez que desarrolla las capacidades cognitivas: memorización, concentración, autorreflexión, resolución de problemas, habilidad de escoger el comportamiento adecuado... Es la parte consciente de la persona, tanto a nivel fisiológico como emocional.

Quizás te resulte más fácil pensar en ellos como un ejemplo de evolución: comenzamos única y exclusivamente por la supervivencia (reptiliano). Después incluimos las emociones, la memoria y otras estrategias que nos ayuden a evolucionar como especie (límbico - mamífero) y, finalmente, incluimos el raciocinio, (cerebro racional) clave para el ser humano.

Por otro lado, como todos sabemos, el cerebro está dividido en dos hemisferios, y cada uno de ellos tiene diferentes funciones, que conviene conocer a la hora de favorecer el desarrollo de ciertas habilidades.

Hemisferio izquierdo	Hemisferio derecho
Racional	Creativo
Reflexivo	Intuitivo
Lógico	Emotivo
Regulador	Artístico
Sistemático	Integrador (emoción + razón)
Lenguaje escrito y hablado	Sintetiza la información

Anatómicamente, es muy fácil reconocer la división que existe entre los dos hemisferios del cerebro, porque vistos desde arriba hay un espacio evidente que los mantiene separados.

Sin embargo, cada hemisferio está cubierto por una capa llamada corteza cerebral (la parte más visible del cerebro, que parece estar llena de arrugas y surcos). Esta corteza puede dividirse en diferentes secciones, dependiendo de sus distintas funciones.

Estas secciones se denominan lóbulos cerebrales, y a continuación veremos las principales funciones de cada uno de ellos.

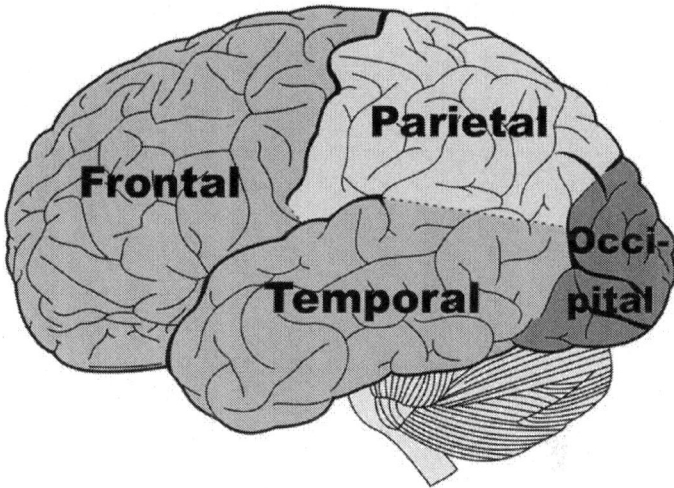

- *Lóbulo occipital: Recepción y procesamiento de información visual.* Se encuentra en la parte posterior del cerebro, cerca de la nuca. Sus principales funciones están relacionadas con el órgano de la vista. Entre ellas, podemos destacar:

  o Recepción e interpretación de imágenes.

  o Separación de los objetos del fondo.

  o Reconocimiento de figuras.

  o Almacena imágenes de nuestra memoria biográfica.

- *Lóbulo parietal: Procesamiento de información sensorial.* Se encuentra entre los lóbulos frontal y occipital. Se encarga principalmente de procesar información sensorial del cuerpo. Estas son algunas de sus funciones:

o Recibir y procesar los mensajes de la sensibilidad de la piel: presión, temperatura, dolor...

o Integrar visión y orientación espacial: es el responsable de orientarnos, de realizar los "mapas mentales" para que podamos situarnos y desplazarnos por una ciudad, edificio...

o Interpretación del lenguaje oral:

- Lóbulo parietal izquierdo: interpreta el significado de las palabras.

- Lóbulo parietal derecho: interpreta el lenguaje no verbal (postura corporal, tono de voz, gestos, etc).

- *Lóbulo temporal: Aprendizaje, memoria y lenguaje.* Se encuentran a los laterales del cerebro, pegados a las sienes. Sus funciones están relacionadas con la memoria, el aprendizaje y también con el lenguaje. Aquí tienes algunos aspectos concretos:

o Reconocimiento de voces y rostros.

o Recuerdo y reconocimiento de palabras.

o Memorización de datos y conocimientos.

o Adquisición y utilización de lo aprendido.

- *Lóbulo frontal: Inteligencia cognitiva y autocontrol.* En los humanos es el más grande de los lóbulos del cerebro. Se caracteriza por su papel en el procesamiento de funciones cognitivas de alto nivel tales como la planificación coordinación, ejecución y control de la conducta. Esta parte de la corteza es propia de animales vertebrados y es especialmente grande en los mamíferos; es también la última en desarrollarse. En los seres humanos no está plenamente formada hasta los 24 ó 25 años de edad, aproximadamente. Entre sus múltiples funciones, se encuentran:

o Establecimiento de metas: organización, previsión y planificación.

o Articulación del lenguaje.

o La regulación de las emociones. Empatía.

o Control de la acción, iniciativa, toma de decisiones.

o Movimiento de las extremidades.

o Inteligencia cognitiva.

Quizás todos estos datos te abruman en un primer momento. Pero poseer estos conocimientos te ayudará a establecer unas pautas básicas, claras y útiles en la educación de tus hijos. Saber por qué y para qué realizas ciertas acciones o estableces unos límites te aportará seguridad a la hora de llevar a cabo tu labor educativa.

CAPÍTULO 2

Herramientas para el desarrollo cerebral

"Para que un ser humano sea totalmente independiente, primero tiene que ser un bebé dependiente".

- Sue Gerhardt

El apego

El cerebro es un órgano social. Desde que un bebé nace ya está preparado para conectarse y relacionar los actos que ve en los demás con lo que él hace y siente. Aprendemos desde muy temprano a usar nuestra conexión con las personas de confianza para aliviar nuestra ansiedad y nuestra angustia.

Es frecuente que se relacione el apego con "estar pegados". Parece que una relación de apego seguro es aquella en la que el bebé está constantemente en contacto con su madre o cuidador principal. Y esto no es exactamente así, la seguridad del apego no depende del contacto físico, sino de la respuesta a las necesidades del bebé.

Es fundamental señalar que los bebés no tienen herramientas para gestionar el estrés. Cuando un adulto está estresado, tiene diferentes formas de gestionar ese exceso de **cortisol** (hormona del estrés): llamar a un amigo, darse un baño, ir al gimnasio... Cuando un bebé llora desconsolado, no sabe cómo manejar esa situación, no dispone de habilidades para calmarse y depende exclusivamente del adulto para normalizar esos niveles. *Un exceso de cortisol durante demasiado tiempo puede tener efectos perjudiciales en el cerebro del niño* (Gerhardt, 2004).

Un bebé que crece con "un lugar seguro en el mundo" y con confianza plena en su cuidador principal, será un niño que explore, que juegue, que tenga iniciativa y que base sus relaciones en el amor, tal y como lo ha recibido. Atender a las necesidades del niño constituye la base de un apego seguro y de una relación afectiva sana (Pérez, 2001).

Si no recibimos esa protección por parte del entorno, nuestro cerebro tendrá que arreglárselas como pueda, es decir, un niño puede aprender a "ir a la suya" en un intento de consolarse de la mejor manera que sabe. Un bebé que crece con un apego inseguro, tenderá a desconfiar de su entorno, basando sus relaciones en el miedo. Un niño que no sabe si será atendido o ayudado ante una amenaza, no puede establecer una relación sana con el mundo que le rodea.

Por lo tanto, debemos quedarnos con la idea de que lo primero que podemos hacer para favorecer un desarrollo sano del cerebro de nuestro hijo es crear con él un vínculo de apego seguro. Será el primer paso en sus relaciones sociales, que después se verá ampliado por el entorno más cercano de la familia y la escuela. Esa relación entre padres e hijos, ese vínculo que debe crearse, debe ser fuerte y sólido para que el niño sienta seguridad a la hora de relacionarse con el mundo, mantenga una autoestima elevada y pueda afrontar las vicisitudes de la vida con confianza.

Motivar su conducta y enseñarle a autorregularse

Al hablar de motivación, inevitablemente pensamos en los premios o "refuerzos". Ya sean premios materiales: regalos, juguetes, chucherías… o bien, inmateriales: atención, tiempo de ocio, actividades en familia, besos, palabras amables… Un ejemplo claro de este tipo de educación lo tenemos en *SuperNanny* y el famoso sistema de puntos, en el que intercambiamos acciones que deseamos en el niño (recoger su habitación, hacer los deberes, recoger la mesa…) por puntos que después se canjearán por premios.

Cuando se basa la educación en premios y castigos se está vinculando fuertemente la actividad (física y emocional) del niño a condicionantes externos, no hacemos algo por satisfacción personal, porque esté "bien" o "mal", rebajamos el valor moral de la actividad al simple hecho de conseguir algo que nos interesa. *Se orienta la acción del niño a la consecución de un objetivo (premio) o a la evitación de un resultado indeseable (castigo).*

Te pondré un ejemplo, para que lo veas mejor:

Supongamos que nos encontramos a final de curso. Tu hijo ha estudiado mucho y llega a casa con unos resultados muy satisfactorios: ha obtenido muy buenas notas. Tú, no le has prometido ningún premio y le comentas: "Muy bien, se nota que te has esforzado". Tu hijo se sentirá orgulloso del esfuerzo que ha realizado y, aunque tú también estés feliz y eso le alegre porque te quiere, esa sensación de "autosatisfacción" y del "trabajo bien realizado", será, para él, su mayor recompensa. Además, tiene todo un verano para disfrutar por delante.

Ahora, imagina que al inicio de curso, tú le dices a tu hijo: "Si sacas buenas notas, este verano nos iremos unos días de camping". De alguna forma, le estás enviando un mensaje de desconfianza, le estás diciendo que no confías en su capacidad de esfuerzo y no solo eso, sino que aprender y sacar buenas notas no son incentivo suficiente y que para que ese esfuerzo merezca la pena, se necesita algo más. Tu hijo estudia y, efectivamente, saca buenas notas. Pero ya no sabe si lo ha hecho porque es un niño inteligente, si lo ha conseguido porque se ha sabido organizar bien, si le gusta estudiar, si tiene capacidad de sacrificio… o simplemente porque es una persona interesada y quería conseguir el premio que le has prometido.

Probablemente, sin quererlo, hemos rebajado la calidad moral del acto, para él y para ti también. Hemos vinculado su actividad a un condicionante externo. Lo más triste de todo es que tú no quieres que estudie para conseguir irse de camping o comprarle una moto, ¿verdad? Tú quieres que lo haga porque es lo mejor para él, porque quieres que tenga los conocimientos necesarios para desenvolverse en la vida, porque quieres que opte a un buen puesto de trabajo… ¿Por qué le haces creer que le "chantajeas" con eso?

¿Qué podemos hacer?

Ayúdale a estudiar, anímale y enséñale como hacerlo. Una vez que consiga sacar buenas notas, muéstrale tu alegría y... algo tan simple como decirle la verdad. "Como has aprobado todo y tienes más tiempo libre, podemos irnos de camping". O "te compro una moto porque quiero que disfrutes de ella".

No le chantajees, no le enseñes a moverse por el interés, enséñale a tomar decisiones y a saber distinguir qué es lo que debe hacer por sí mismo, a *autorregularse y a decidir lo que conviene, o lo que es correcto*. Cuando un niño aprende a actuar en función de condicionantes externos, pierde la posibilidad de desarrollar habilidades personales y sociales propias que le permitan desenvolverse adecuadamente en su día a día, y está dejando en manos de otros el poder de decidir lo que debe o no hacer, en función de lo que le ofrezcan.

El mejor regalo que le puedes hacer a tu hijo es enseñarle a ser el dueño y responsable de sus actos. Enseñarle a decidir, a desarrollar el pensamiento crítico y a gestionarse. Más adelante, hablaremos con más profundidad de la capacidad de autorregulación, de su importancia, y enseñaremos ejercicios prácticos para desarrollar en los niños esta habilidad. De momento, me basta con que te quedes con esta idea fundamental.

Establecer límites claros

En muchas ocasiones parece que marcar un límite o una norma significa coartar la libertad del niño, matar su creatividad o "imponer la tiranía del adulto". No creo que siempre tenga que ser así. Vivimos en una comunidad de individuos, y en todas las comunidades existen normas que hacen más sencilla la convivencia. Cuando vamos al supermercado y hacemos cola para pagar, estamos aceptando una norma. Cuando nos detenemos ante un semáforo en rojo, lo mismo. Cuando hablamos bajito en un hospital, estamos respetando un límite. Cumplimos normas en cada momento de nuestra vida. Eso no quita que no podamos estar en desacuerdo con alguna de ellas, por supuesto que sí, y en ese caso, habrá que buscar la forma más adecuada de expresar nuestra disconformidad.

¿Cómo hacerlo?

Todos sabemos establecer límites. Es frecuente que los padres nos consulten a los educadores cómo marcar estas líneas en los niños. Pero te diré un secreto, sólo necesitas una única cosa: *tener claro el límite. Cuando el límite es realmente importante, no hay lugar a dudas.* Nunca he visto a un padre decir "tuve que dejar a mi hijo tirarse por la ventana, porque se empeñó en hacerlo y no pude decirle que no". ¿Por qué? Porque no tenía absolutamente ninguna duda sobre esa acción. Por eso, mi consejo para establecer unas normas en casa es muy sencillo: es mejor tener pocas normas y muy claras que muchas que tienen que "re-negociarse" con mucha frecuencia.

Y si no cumple los límites... ¿qué?

Antes de terminar este capítulo, me gustaría dedicarle unas líneas al tema de los castigos. ¿Qué pasa si tu hijo sobrepasa un límite? Los castigos, generalmente no son más que una muestra de una mala gestión por parte del adulto. Ante la incapacidad de manejar una situación, recurrimos al castigo, en un intento desesperado por conseguir aquello que consideramos importante en la educación de los más pequeños. El castigo, puede parecer útil en un primer momento, pero la realidad es que es una "práctica" que tiene muy pocas ventajas (o ninguna), y que además cuenta con una "eficacia" de muy poca duración.

¿Por qué no castigar a los niños?

Aquí tienes algunas razones para no hacerlo:

- No erradica las "malas" conductas en los niños.

- Daña la relación entre padre/madre e hijo.

- Crea sensación de frustración en el niño.

- Genera ansiedad e impotencia en el niño.

- Baja su autoestima.

- Puede generar más malas conductas en el niño ("como soy malo...").

Alternativas al castigo

A continuación tienes algunas alternativas al castigo, que te ayudarán a "encauzar" su comportamiento de forma positiva:

- *Pautar unas consecuencias razonables, relacionadas con el suceso en cuestión.* Por ejemplo: Si tu hijo tarda en sentarse a hacer los deberes y procrastina mucho en hacer la tarea, puedes fijar una hora para salir y volver del parque, en relación a la hora con la que debería terminar con sus deberes. Si se retrasa demasiado, perderá tiempo de ocio.

- *Facilítale las cosas*. Muchas veces el castigo en sí no es tan doloroso, como la sensación de ser castigado. Siguiendo con el ejemplo anterior, si a tu hijo le cuesta hacer los deberes, trata de facilitarle las cosas, que te sienta como aliado, no como enemigo. En el rato que dedique al estudio intenta que haya un buen ambiente en casa, un clima que invite al estudio (al menos, en su habitación). Que vea y sienta que tú también quieres que termine cuanto antes para ir juntos al parque. Evita que se distraiga o presionarle demasiado.

- *Enséñale a asumir las consecuencias de sus actos*. Quizás sea la forma más natural, sana y efectiva cuando el niño presenta una mala conducta. Tal y como hacemos los adultos: si rompes algo, puedes reponerlo (quizás con el dinero de la paga, por ejemplo). Si ensucias algo, debes limpiarlo.

Estas pautas requieren algo más de tiempo y de paciencia que "castigar", pero son las más efectivas. La prueba es que los adultos, generalmente, respetamos los límites sin necesidad de ser castigados. De vez en cuando todos nos equivocamos y asumimos las consecuencias: si nos saltamos un semáforo y un policía nos multa, por ejemplo.

El hecho de saber que vivimos en un entorno con ciertas normas que todos entendemos y respetamos, le hará sentirse seguro y contribuirá a su adecuado desarrollo.

Hablemos ahora, del equilibro entre la razón y la emoción.

CAPÍTULO 3

Equilibro entre razón y emoción

> *"Educar la mente sin educar el corazón, no es educar en absoluto"*
>
> *- Aristóteles*

Tras lo que hemos visto a lo largo de este curso, ya sabemos que las emociones también se dirigen desde nuestro cerebro. Por lo que cuando hablamos de equilibrio en neuroeducación, nos referimos a darle la misma importancia al desarrollo de nuestro cerebro emocional como al racional hasta que ambos alcancen la madurez y se encuentren en equilibrio.

¿Cómo saber si existe equilibrio entre nuestras áreas cerebrales?

Podemos hablar de equilibro entre razón y corazón cuando aquello que sentimos, que pensamos y hacemos, está en concordancia. Para ello, debemos prestar atención al desarrollo de nuestros "tres cerebros":

- Al primario o reptiliano: Que se encarga de nuestra supervivencia y necesidades primarias.

- Al emocional: Conocer y gestionar nuestras emociones nos hará más resolutivos y nos hará tomar mejores decisiones.

- Neocórtex o cerebro racional: La inteligencia cognitiva, la lógica, el lenguaje, las matemáticas y el autocontrol.

Debemos prestar atención a estos tres cerebros no sólo porque tengan la misma importancia en nuestro desarrollo, sino que los tres están interconectados entre sí, y el hecho de que todos estén debidamente desarrollados, hará que todo el conjunto funcione mucho mejor.

El cerebro racional - La razón

Hasta los años 70 u 80, en la educación prevalecía, sobre todas las demás, la inteligencia ejecutiva. Tanto en la escuela como en casa se tenía en cuenta el desarrollo de las habilidades cognitivas, llegando incluso a reprimir el desarrollo de las habilidades emocionales.

Se extendieron ideas perjudiciales para el desarrollo de los bebés y niños pequeños, como que no era recomendable cogerles en brazos, besarles demasiado o que llorar les venía bien para desarrollar su tolerancia a la frustración o "expandir los pulmones" cuando eran pequeños; aunque después a los niños varones, se les exigía no llorar, ya que eso no era "de hombres"; por no hablar de los castigos físicos, o "las tortas a tiempo". Así que la práctica educativa más habitual hasta esta época estaba marcada por el autoritarismo y la exigencia con los más pequeños.

Este estilo de crianza, habitualmente, genera adultos disciplinados, exigentes y muy probablemente inteligentes (cognitivamente hablando). Por otro lado, esa sensación de falta de cariño, de no sentirse queridos durante la infancia, derivará en una baja autoestima y en un alto nivel de autoexigencia.

El cerebro emocional - Las emociones

Este modelo educativo comenzó a desaparecer sobre los años 80 y, en algunos casos, desembocó en un estilo de crianza casi opuesto, pasando del autoritarismo a un estilo permisivo, donde se evitaba al máximo que el niño se frustrase y sin prácticamente negarle nada de lo que pida por miedo a dañar sus emociones, tratando de que el niño no sufra en ningún momento.

Este estilo educativo suele crear adultos confiados y alegres, pero generalmente también se sienten insatisfechos y son incapaces de lograr sus objetivos, pues pueden tener problemas para gestionarse a la hora de conseguir sus metas.

El equilibrio

Como suele decirse, "la virtud está en el término medio". Como hemos tratado anteriormente, es prioritario que el niño crezca en un ambiente seguro, donde se sienta amparado ante un peligro, pero debemos de estar atentos para no caer en la sobreprotección. Si al llegar a un parque señalamos al niño todos los peligros que hay: "ahí no te subas"; "ten cuidado con eso"; "te vas a caer"; "baja de ahí"… le estaremos enviando el mensaje de que el mundo es un lugar peligroso y estaremos inhibiendo su curiosidad innata de explorar el entorno que le rodea. Estaremos criando a un niño inseguro, que no sabrá cuándo actuar ni aprenderá de sus experiencias o errores.

Siguiendo con el ejemplo anterior, cuando llegues a un parque, señálale todos los lugares interesantes en los que sí puede vivir experiencias, jugar y divertirse. Fija tu atención y la suya en lo positivo que os rodea. También puedes señalar algún peligro que tenga que tener en cuenta, como la cercanía a una carretera, pero sin enfocarte únicamente en eso.

Lo mismo ocurre con los límites, tal y como hemos señalado en el tema anterior, poner demasiados límites o la inexistencia de ellos, también generará inseguridad en los niños, hará que no confíen en su instinto o en su curiosidad. La carencia evitará que el niño desarrolle la capacidad de autorregulación y autocontrol, la cual es fundamental para conseguir nuestros objetivos.

Por eso, recuerda ante todo que en la educación de los niños, como en la vida en general, debe primar el equilibrio, tanto en estos los ejemplos de los que te he hablado como en casi todas las demás facetas.

Confía en tu instinto, en el sentido común… A veces nos obsesionamos tanto con seguir las pautas correctas, con hacer lo mejor por nuestros pequeños, que olvidamos lo más sencillo, que es guiarnos por lo que sentimos que debemos hacer.

Cada vez es más habitual ver a papás, mamás y educadores interesados en los programas de atención temprana, de estimulación infantil, de métodos alternativos para aprender a leer, a contar... un sinfín de actividades para ayudar a sus pequeños a desarrollar sus habilidades físicas y cerebrales. Sin embargo, a día de hoy, todavía no se ha demostrado que ningún método o sistema educativo funcione mejor que el hecho de incluir a los niños en nuestros quehaceres diarios: que nos acompañen al supermercado, que nos ayuden a cocinar, que visiten con nosotros a nuestros amigos o familiares.... Una vida *"normal"* (en equilibro, una vez más), en la que abunde el afecto, contiene ya los suficientes estímulos para que el desarrollo cerebral de nuestros pequeños siga un curso adecuado, sano y favorable.

Disfruta con él de cada etapa educativa, háblale, juega con él, comentad juntos situaciones que os hayan sucedido a lo largo del día... Estas actividades son perfectas para trabajar la atención, el lenguaje, la motricidad o la memoria. Las experiencias vividas en cada día de su vida, serán las que marquen la diferencia en su desarrollo.

CAPÍTULO 4

Inteligencia Emocional

Según la definición de Mayer, la Inteligencia Emocional podría describirse como "una habilidad para percibir, asimilar, comprender y regular las propias emociones y las de los demás, promoviendo un crecimiento emocional e intelectual. De esta manera se puede usar esta información para guiar nuestra forma de pensar y nuestro comportamiento".

Las emociones nos aportan información sobre nuestra relación con el entorno. Experimentamos alegría o satisfacción cuando las cosas nos van bien, y tristeza o desesperanza, cuando sucede todo lo contrario, como sufrir una pérdida o sentir una amenaza.

Cada vez que experimentamos una emoción, podemos crear pensamientos acordes a ésta, interviniendo además nuestro sistema nervioso como el preparador del organismo para la mejor respuesta.

Hablar de inteligencia emocional, implica hablar de todo nuestro cerebro. Respaldados por los enormes avances de la neurociencia de nuestra época, podemos decir que la emoción está unida a la razón y que ambas NO se pueden separar. Podemos decir, sin miedo a equivocarnos, que NUESTRA

INTELIGENCIA ES EMOCIONAL. Hablemos ahora de los beneficios concretos que aporta la introducción de la Educación Emocional y Social en la crianza de nuestros niños.

En qué consiste la educación emocional

Con una buena educación emocional, nuestros hijos sabrán enfrentarse de forma adecuada a muchos problemas y podrán relacionarse de forma correcta con los demás. Estos beneficios no solo son importantes en la infancia, sino que son de gran ayuda cuando somos adultos como herramientas imprescindibles para vivir en sociedad.

Hace unos años, la educación emocional consistía en aprender a reprimir ciertas emociones y a no aflorarlas en público. El simple hecho de llorar era un signo de debilidad, sobre todo en el género masculino. Esto llevaba a que años más tarde tuviéramos un mal control emocional y no supiéramos lidiar con nuestras emociones, llevándonos al fracaso en distintas facetas de la vida.

Poco a poco estamos valorando cada vez más la importancia de la inteligencia emocional y cada día estamos más concienciados de la necesidad de introducir el desarrollo de estas habilidades en la educación de los niños.

Además, educando las emociones estamos haciendo mucho más de lo que parece. Como afirma J.A. Marina: "*Educar es el único trabajo cuya finalidad es cambiar el cerebro humano cada día. Hay que tenerlo presente para no ser irresponsables*". Así que, ¿qué implica el educar las emociones de nuestros niños? Entre otros aspectos la educación emocional incluye los siguientes puntos:

Objetivos de la educación emocional

- Incrementar su autoimagen positiva. Conocer sus habilidades, sus puntos fuertes y aceptar también, sus limitaciones.

- Centrar su atención.

- Distinguir, identificar y gestionar sus emociones.

- Tomar decisiones responsables y éticas.

- Construir y mantener relaciones con los demás.

- Trabajar en equipo sin necesidad de que sea de forma competitiva.

- Empatizar, ponerse en el lugar del otro.

- Distinguir qué conflictos pueden resolverse y la forma más eficiente de hacerlo.

Beneficios de la educación emocional

Veamos qué podemos *AUMENTAR* a través del trabajo de las emociones:

- La autoestima de los niños.

- El rendimiento escolar y, en consecuencia, el éxito académico.

- Las habilidades sociales, comportamiento prosocial, mejora de la convivencia en el aula.

- El nivel de tolerancia ante la frustración y el estrés.

A través de la educación emocional, también podremos ayudar a **DISMINUIR** las siguientes conductas negativas para los niños, la escuela y la sociedad en general:

- Niveles de ansiedad.

- El riesgo de padecer depresión.

- Conductas agresivas.

- Problemas sociales.

- Comportamientos disruptivos en el aula.

Una buena educación emocional conlleva todo un proceso de aprendizaje en el que se va construyendo la visión del mundo, de nosotros mismos y de cómo nos manejamos.

Los padres, su modelo

Como hemos dicho, la familia y el entorno más cercano serán los encargados de establecer los primeros vínculos, relaciones y emociones con los pequeños. Los padres son para los niños sus modelos y guías. Por ello es fundamental que, cuando hablamos de educar en emociones, los padres sean los primeros en saber identificar las suyas propias, las expresen y aprendan a regularlas. De nada sirve enseñar a mi hijo a no expresar el enfado gritando, si en realidad yo siempre actúo de esa manera y no conozco otra forma de hacerlo.

Por eso, además de trabajar la Inteligencia Emocional con tus hijos o alumnos, te recomiendo que empieces a trabajarla contigo mismo. Que dediques unos minutos cada día a conocerte, a ver qué emociones frecuentan más en tu día a día, en cómo reaccionas ante ellas y en que intentes ser la mejor versión de ti mismo, antes o al menos, mientras intentas que tu hijo también lo sea.

Ahora ya sabemos que el estado emocional de los adultos no influye a los niños desde su nacimiento, sino que incluso desde el embarazo los bebés ya son conscientes y se ven afectados por la salud emocional de sus madres.

En el siguiente tema, profundizaremos acerca del vínculo de apego, clave en la formación y desarrollo de habilidades emocionales en los más pequeños.

La inteligencia emocional en la escuela

Durante muchos años, la escuela se ha centrado en dotar a los alumnos de una serie de herramientas y conocimientos necesarios para un futuro trabajo basado en un modelo industrial. Eso hacía que solo se considerara importante el aprendizaje de ciertas asignaturas como el cálculo, la lengua o los conocimientos en física o química.

Aunque el modelo esté cambiando, nuestro modelo educativo persiste en ese tipo de enseñanzas. Estamos educando a los niños sobre un modelo antiguo y que se está demostrando inválido ya en nuestra sociedad actual, así que imaginemos cómo estamos educando para unos niños que empezarán a trabajar dentro de 15 o 20 años...

El aprendizaje emocional debería integrarse en la escuela de forma natural pero temprana, de forma que el niño desde muy pequeño tuviese herramientas para reconocer y tratar con sus propias emociones. Este aprendizaje podría hacerse de forma transversal a lo largo de todo el currículum escolar o de forma específica en una o varias asignaturas, pero sin duda habría de hacerse cuanto antes.

Al final de este curso tendrás a tu disposición una guía completa para integrar la Educación Emocional en un aula de segundo ciclo de Educación Infantil, o primer ciclo de Educación Primaria.

CAPÍTULO 5

El apego: Como crear un vínculo afectivo

> *"Para ser un adulto independiente y seguro debió haber sido un bebé dependiente, apegado, sostenido... en una palabra: AMADO".*
>
> *-Sue Gerhardt*

El apego es el vínculo emocional que desarrolla el niño con sus padres (o cuidadores) y que le proporciona la seguridad emocional indispensable para un buen desarrollo de la personalidad. Fue el psicólogo John Bowlby (1907-1990) que en su trabajo en instituciones con niños privados de la figura materna le condujo a formular la *Teoría del Apego*.

La conclusión principal de la Teoría del Apego es que el estado de seguridad, ansiedad o temor de un niño está determinado en gran medida por la accesibilidad y capacidad de respuesta de su principal figura de referencia (persona con que se establece el vínculo). En palabras del propio Bowlby:

> *"Un niño que sabe que su figura de apego es accesible y sensible a sus demandas les da un fuerte y penetrante*

sentimiento de seguridad, y la alimenta a valorar y continuar la relación."

El apego proporciona la seguridad emocional del niño: ser aceptado y protegido incondicionalmente. La teoría del apego tiene una relevancia universal, la importancia del contacto continuo con el bebé, sus cuidados y la sensibilidad a sus demandas están presentes en todos los modelos de crianza derivados de los diferentes medios culturales.

Gracias a ella, a día de hoy podemos afirmar que *la necesidad de bebé de estar próximo a su madre, de ser acunado en brazos, protegido y cuidado, ha sido comprobada científicamente.*

Dentro del apego veremos distintas fases, las edades son orientativas. Cada niño es único, no podemos enmarcarlos de forma cerrada en tablas de edades. También debemos tener en cuenta que nos referiremos a la madre como figura principal de apego, ya que por norma general, es con ella con quien se crea este vínculo. Pero este término podría sustituirse como *"cuidador principal".*

Fases de desarrollo del apego:

Los estilos de apego se desarrollan tempranamente y se mantienen generalmente durante toda la vida, permitiendo la formación de un modelo interno que integra por un lado creencias acerca de sí mismo y de los demás.

- *Etapa de preapego (del nacimiento a 6 semanas)*: El bebé reacciona ante las voces más familiares, sin evidencia de reconocimiento concreto. Aplica sus reflejos innatos: llora, agarra. etc. Está en contacto con su madre, la empieza a reconocer, se refuerza el vínculo, empieza el apego.

- *Etapa de formación del apego (6 semanas a 6-8 meses):* Distingue a la madre de otras personas. Pero no muestra muchas diferencias al separarse de ella, pueden sostener al bebé en brazos familiares y amigos, no parece que le afecte. Por este motivo, muchos bebés que son cuidados por otras personas que no son su madre (o cuidador principal) desde que son pequeños no lloran cuando tienen pocos meses pero es probable que sí lo hagan a partir de esta edad.

- *Etapa de apego (6-8 meses a 18 meses ó 2 años):* Esta es la fase de apego propiamente dicha. La búsqueda de la madre se hace imprescindible y es común que el bebé rechace el contacto físico incluso con un familiar cercano. El bebé trata de mantener la proximidad con la figura de apego y la distancia con los extraños.

- *Formación de relaciones recíprocas (de 18 meses ó 2 años en adelante):* La aparición del lenguaje y la capacidad de representar mentalmente a la madre, relajan su tendencia a seguirla. En adelante, podrá saber y entender por qué se ausenta mamá y ya es capaz de imaginarla y representarla. Su desarrollo cognitivo es mayor y puede comprender que aunque su madre se aleje, volverá, por lo que disminuye su angustia.

Tipos de apego:

Mary Ainsworth (1913-1999) en su trabajo con niños en Uganda, encontró una información muy valiosa para el estudio de las diferencias en la calidad de la interacción madre-hijo y su influencia sobre la formación del apego. Ainsworth encontró tres patrones principales de apego: niños de apego seguro, que lloraban poco y se mostraban contentos cuando exploraban en presencia de la madre; niños de apego inseguro, que lloraban frecuentemente, incluso cuando estaban en brazos de sus madres; y niños que parecían no mostrar apego ni conductas diferenciales hacia sus madres. Estos comportamientos dependían de la sensibilidad de la madre a las peticiones del niño.

Veamos con más detenimiento los diferentes tipos de apego:

Apego seguro (65% de los niños):

El apego seguro se da cuando la persona que cuida demuestra cariño, protección, disponibilidad y atención a las señales del bebé, lo que le permite desarrollar un concepto de sí mismo positivo y un sentimiento de confianza. En el dominio interpersonal, las personas seguras tienden a ser más cálidas, estables y con relaciones íntimas satisfactorias, y en el dominio intrapersonal, tienden a ser más positivas, integradas y con perspectivas coherentes de sí mismo.

Son niños curiosos, extrovertidos, que exploran, juegan y son capaces de alejarse de su figura de apego.

Apego inseguro (35% de los niños):

El apego inseguro se da cuando el cuidador está física y emocionalmente disponible sólo en ciertas ocasiones, lo que hace al bebé más propenso a la ansiedad de separación y al temor de explorar el mundo. No tiene confianza respecto a la disponibilidad y respuesta de sus cuidadores, debido a la inconsistencia en las habilidades emocionales. Es evidente un fuerte deseo de intimidad, pero a la vez una sensación de inseguridad respecto a los demás. Dentro del apego inseguro, distinguimos tres tipos:

Apego ambivalente-resistente (10-12%):

Responden a la separación con angustia intensa y mezclan comportamientos de apego con expresiones de protesta, enojo y resistencia. Debido a la inconsistencia en las habilidades emocionales de sus cuidadores, estos niños no tienen expectativas de confianza respecto al acceso y respuesta de sus cuidadores.

Son niños que exploran muy poco, aún estando sus mamás; les cuesta mucho separarse de ellas, y no suelen involucrarse en juegos con otros niños. Cuando se produce la separación sufren verdadera angustia y resulta muy difícil calmarles.

Apego evitativo (20%):

El apego evitativo se da cuando el cuidador principal no atiende las señales de necesidad de protección del niño, lo que no le permite el desarrollo del sentimiento de confianza que necesita. Se sienten inseguros hacia los demás y esperan ser desplazados sobre la base de las experiencias pasadas de abandono.

Son niños aparentemente "neutrales", juegan sin necesitar la presencia de su madre y no presentan muestras de afecto como mecanismo de defensa. Podría definirse como *"indefensión aprendida"*. El niño sabe que por mucho que exprese sus necesidades, no serán cubiertas, por lo que ha aprendido a no demandar afecto ni seguridad.

Apego desorganizado-desorientado (3-5%):

Este tipo de vínculo se ha construido al vivir el niño situaciones amenazantes de maltrato o negligencias en los cuidados, pero también se puede dar en situaciones en las que el niño es algo "temido" por el adulto. Ante las señales del niño, su cuidador principal tiene respuestas desproporcionadas y/o inadecuadas que desorientan al niño y no solo no le proporcionan seguridad, sino que adicionalmente generan ansiedad.

Este tipo de apego no es muy común, pero existe. Son niños que muestran conductas tanto del apego ambivalente-resistente como del evitativo. El niño siente angustia con la ausencia de la madre y también con su ausencia. Es posible además que podamos ver conductas de miedo ante la figura de apego.

Factores que afectan al desarrollo del apego

Existen 4 factores que influyen en el tipo de apego que se construirá con nuestro bebé.

- *Características del niño y tipo de parto*: Niños separados de sus madres durante horas dependiendo del tipo de parto (cesáreas, prematuros), o por causas de gravedad del bebé recién nacido. Puede afectar al tipo de apego: es muy importante no separar al bebé de su madre. Cada vez se está consiguiendo más.

- *Separación maternal*: Niños que al nacer por causas de urgencias han tenido que ser hospitalizados, esto supone una depresión analítica para el bebé y puede influir en las primeras relaciones.

- *Privación materna*: Bebés que a partir del tercer o cuarto mes y el primer año no están con sus madres, o están un par de horas al día. Estos bebé manifiestan apego inseguro también con los cuidadores.

- *Calidad de la crianza*: Dependiendo del tipo de crianza, del tipo de padres, nuestro apego será de un tipo u otro. Escuchar a nuestros bebés, acudir ante sus lloros, calmarles y acariciarles, iniciaran un apego seguro.

La química del apego

Las hormonas son las encargadas de regular los sistemas del cuerpo y ayudar al individuo a reaccionar frente al medio ambiente. Una de estas hormonas es el cortisol, del que ya hemos hablado, producido por las glándulas suprarrenales. Como ya sabemos, una de sus funciones es ayudar a las personas a afrontar el estrés y hacer ajustes corporales para hacer frente a situaciones de peligro. Para que el cuerpo funcione adecuadamente debe haber un equilibrio en los niveles de cortisol: si hay muy poco, el cuerpo se "apaga"; si hay mucho, se convierte en angustia.

El cortisol es una de las hormonas que desempeña un papel importante en las respuestas emocionales del individuo. Al revisar la calidad de apego entre madre e hijo, los investigadores han confirmado que *el apego seguro mantiene al bebé en equilibrio emocional*. Un vínculo inseguro, una respuesta inadecuada a las necesidades del bebé, acostumbra a éste a un bajo nivel hormonal, lo que lo convierte en apático o puede mantener constantemente un gran nivel de estrés debido a la alta concentración hormonal en su organismo, traduciéndose en bebés angustiados.

> **Conclusión:** *Lo que pretendo que recuerdes tras leer este libro es que el apego es un vínculo afectivo y especial que se forma entre la madre (o cuidador principal) y el niño. Y, sobre todo, que este patrón será el encargado de definir un estilo de relación, que determinará el modo en que este niño se relacionará con las demás personas en su vida infantil y adulta, cómo establecerá pareja y cómo se relacionará con sus propios hijos. Por eso, este proceso tan temprano es tan relevante: por el impacto en la vida de la persona, de sus hijos y de la sociedad en general.*

CAPÍTULO 6

Confianza y autoestima

"Amarse a uno mismo es el comienzo de una aventura que dura toda la vida."

-Oscar Wilde

Como hemos mencionado anteriormente, una de los pilares fundamentales de la inteligencia emocional es la autoestima. Confiar en las propias capacidades, ser capaz de enfrentarnos a nuestros temores, y tener seguridad a la hora de actuar.

El primer paso para que tu hijo tenga una buena autoestima ya lo conoces. Consiste en **crear con él un apego seguro y que seas el primero en confiar en sus capacidades**. Tu niño mira el mundo a través de tus ojos. Si tú te asustas de algo, él también desconfiará de eso; si tú confías, él también lo hará.

El hecho de que tu hijo se sienta protegido, le animará a explorar el mundo, a dejarse guiar por su curiosidad y a vivir experiencias que le harán desarrollar nuevas capacidades.

Sobre esto, hay un experimento del que me gustaría hablarte:

El abismo visual

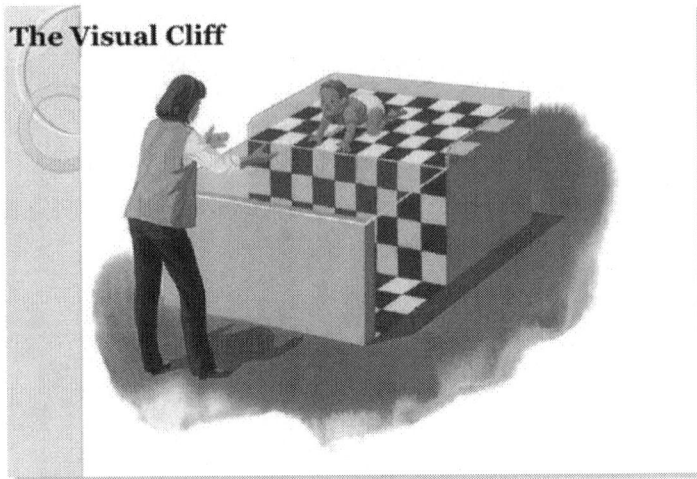

The Visual Cliff

Eleonor Gibson diseñó un artefacto denominado "abismo visual", consistente en un abismo artificial con el que podía experimentar con los bebés sin el menor peligro. Este experimento se creó para conocer cuándo adquieren los bebés la capacidad de profundidad, ya que todos desarrollamos el miedo a la altura, independientemente de haber vivido una experiencia desagradable o de padecer vértigo, porque está codificado en nuestros genes.

Se coloca en la superficie opaca a un bebé de varios meses, con la intención de que cruce por la superficie transparente. La mayoría de ellos se asomaban a esta parte, pero permanecían en la opaca, sin llegar a atravesarla en ningún momento.

Sin embargo, la cultura, la educación y los refuerzos positivos son capaces de modular nuestros miedos innatos, como se comprobó en una variante del experimento anterior:

el 74 por ciento de los niños lograron atravesar la superficie transparente... cuando su madre estaba al otro lado sonriendo.

Como ves, tu confianza es clave en la formación de la autoestima de tu hijo. Creer en él es el primer paso para que él haga lo mismo.

El segundo punto para desarrollar una buena autoestima tiene mucha relación con el primero. Consiste en conseguir que tu hijo *se sienta protegido* (no sobreprotegido, esto ya lo hemos tratado), ser la red sobre la que caiga si falla en su salto o quien le proporcione consuelo si se equivoca.

No se trata de que seas una red de forma literal, no es necesario que camines detrás de él por si tropieza y actúes rápidamente para evitar su caída, o recogerlo al instante para consolarlo entre tus brazos, antes incluso de que empiece a llorar. Se trata, sobre todo, de que sienta que cuenta contigo como aliado en su intento de ganar autonomía y que no tenga miedo a fallar por tu reprimenda, ya que de esta forma estarías inhibiendo sus ganas de actuar.

Si tu niño trata de llevar el vaso a la mesa y se le cae el agua, está bien que sepa que deberá recogerla, porque es una consecuencia lógica de haber derramado algo, pero no con llevarse además una "reprimenda" de sus padres o maestro, sino que sienta que estos le animarán a que lo vuelva a intentar.

Así que debemos quedarnos con las ideas clave de que para desarrollar una buena autoestima: *un niño tiene que sentirse capaz, protegido y seguro.*

El desarrollo de la autonomía:

Generalmente, un niño autónomo es un niño seguro de sí mismo. Aunque quizás te sorprenda, a los niños les encanta asumir responsabilidades, sentir que confiamos en ellos, que son un miembro útil en el grupo y que son capaces de llevar sus tareas a cabo. Delegar en ellos pequeñas responsabilidades les hará comprobar que tienen capacidad de trabajo, que son competentes, ganarán confianza en ellos mismos y, como es lógico les hará adquirir hábitos saludables que mantendrán a lo largo de su vida.

Hay adultos a los que ciertas responsabilidades, sobre todo en el hogar, les cuestan un gran esfuerzo. Esto puede ser en parte a que no han adquirido esos hábitos y competencias desde la niñez. Muchos padres (y madres) tienden a acaparar todas las responsabilidades del hogar impidiendo que sus pequeños adquieran pequeños cargos, y llegan a la edad adulta sin haber adquirido el sentimiento de que tienen que cuidar de sí mismos. Estos hábitos, como todos, son mucho más fáciles de adquirir durante la infancia. Así pues, si quieres que tu hijo se convierta en un adulto responsable, ¡empieza cuanto antes!

Para un desarrollo correcto de la autonomía, es importante conocer qué responsabilidades pueden asumir los niños, acordes a su edad y desarrollo evolutivo. A modo orientativo, éstas son algunas tareas que, normalmente, los niños pueden asumir como responsabilidad a medida que cumplen años. Como todas las tablas, deben tomarse como algo orientativo teniendo en cuenta que el desarrollo evolutivo es diferente en cada niño.

Clasificación de tareas domésticas por edades:

Antes de los dos años:

- Ayudar a recoger los juguetes.

- Beber de un biberón o vaso cerrado.

- Tirar su pañal a la basura.

Entre los 2 y 4 años, a los anteriores añadiremos:

- Comer solo utilizando la cuchara, y poco a poco, el tenedor.

- Lavarse y secarse las manos.

- Pedir ayuda cuando tiene la boca o la nariz sucia.

- Limpiar algunas cosas de las que mancha.

- Usar la papelera.

- Controlar esfínteres. En este orden: saber cuando está sucio, pedir que le cambien, utilizar el orinal, subirse y bajarse el pantalón.

- Colaborar en mantener limpios los espacios que utiliza.

Entre los 3 y 6 años:

- Utilizar el tenedor, la servilleta, y poco a poco el cuchillo.

- Limpiarse después de ir al baño.

- Enjabonarse, enjuagarse y secarse; sonarse la nariz.

- Cepillarse los dientes.

- Taparse la boca al toser.

- Dejar limpios los espacios de aseo.

- Mantener limpios los espacios que se usan.

- Colaborar en algunas tareas domésticas, como guardar la ropa sucia, poner y quitar la mesa o extender las sábanas.

Es importante estar atento a los denominados "*periodos sensibles*", etapas en las que los niños están más predispuestos a adquirir determinados aprendizajes. Si ves que tu hijo lleva la mano a la cuchara, anímale a utilizarla, en lugar de apartarle la mano porque se va a ensuciar.

¿Cómo conseguir que desarrolle su autonomía?

Estoy segura de que la parte "moral" de esto ya la sabes, así que ahora te facilitaré algunos *tips* más concretos para que lo consigas.

- *Confía en él y en sus posibilidades*: Acabamos de verlo: Si tú confías, él confía. Tendemos a reproducir la imagen que nuestro entorno tiene sobre nosotros, por eso es tan importante no etiquetar a los niños. A esto se le llama "*Efecto Pigmalión*" o profecía autocumplida.

Me gustaría compartir contigo este cuento que tiene un mensaje que te encantará. Desconozco el autor, puedes encontrarlo en varios recopilatorios de cuentos populares.

"Y como no sabía que era imposible, lo hizo"[1]

" Había una vez dos niños que patinaban sobre una laguna helada. Era una tarde nublada y fría, pero los pequeños jugaban sin preocupación. De pronto, el hielo se reventó y uno de ellos cayó al agua, quedando atrapado. El otro niño, viendo que su amigo se ahogaba bajo el hielo, cogió una piedra y empezó a golpear con todas el hielo con todas sus fuerzas hasta que logró romper la capa helada, agarró a su amigo y lo sacó del agua, salvando así su vida.

Cuando llegaron los bomberos y vieron lo que había sucedido, se preguntaban cómo lo hizo, pues el hielo era muy grueso y el niño no parecía contar con una fuerza extraordinaria.

– "Es imposible que lo haya podido romper con esa piedra y sus manos tan pequeñas", afirmaban.

En ese instante apareció un anciano y dijo:

– "Yo sé cómo lo hizo".

– "¿Cómo?"

– "No había nadie a su alrededor para decirle que no podía hacerlo".

Poco más que añadir, ¿no crees?

---

[1] Autor del cuento: desconocido. El relato ha sido extraída del libro: *"Cuentos para entender el mundo"* de Eloy Moreno.

Ofrécele mensajes positivos:

Tal y como vimos anteriormente con el ejemplo de la llegada al parque, es mejor centrarnos en sus logros en positivo que en lo negativo.

Ejemplo: Si estamos trabajando el control de esfínteres y se le escapa un pis, es mejor recalcarle que estamos en el camino correcto, señalándole el tiempo que ha permanecido sin hacer pis, que remarcarle de forma insistente que se le ha escapado uno.

Evita las etiquetas:

Hay casos obvios en los que no me detendré demasiado, como es poner etiquetas "negativas" a los niños, del tipo *"eres un desobediente"* o *"eres un llorón"*. Muchas veces tendemos a etiquetar a nuestros niños destacando alguna de sus conductas repetitivas que socialmente no están bien vistas o nos molestan. A pesar de no tener mala intención, al subrayar lo que hacen mal les podemos hacer sentir que nunca serán capaces de cambiar y que están limitados por esos defectos.

Dicho esto, también me gustaría señalar que tampoco es bueno caer en las etiquetas "positivas" como *"qué listo eres"* o *"eres el mejor"*. Está claro que son expresiones que tienen buena intención y no pasa nada por hacer un halago o un cumplido de vez en cuando. Pero si por ejemplo, el niño saca buenas notas y siempre le están diciendo que es muy listo, es posible que lo relacione solo con eso y que sienta que no se ha valorado su esfuerzo, su constancia y su responsabilidad. Además estaremos generando en él unas expectativas que le pueden generar ansiedad y estrés.

Finalmente, es recomendable tener cuidado cuando usamos las palabras "siempre" y "nunca" con los niños, porque cierran su futuro ante cualquier intento de cambio: *"siempre sacas buenas notas"*, *"nunca me escuchas"*, etcétera.

Reconoce su esfuerzo:

Es posible que el punto anterior ya te haya llevado a esta conclusión. Lo importante cuando el niño trate de hacer algo es que reconozcas su esfuerzo. Los *peques* vienen programados para buscar la aprobación de los adultos, así que es muy probable que cuando tu hijo haga un dibujo, vaya corriendo a enseñártelo: *"¡Mamá, mira qué hice!"*; o que en el parque trate de mostrarte todas las piruetas que es capaz de realizar.

En estos casos, trata sobre todo de centrarte en su esfuerzo. Si nos enfocamos principalmente en el resultado final, es posible que los niños traten de hacer tareas que le resulten fáciles, para asegurarse de conseguir nuestro halago. Reconocer su esfuerzo le hará motivarse para seguir haciéndolo. A todos nos es grato que valoren nuestro trabajo, ¿verdad? ¡Los niños no son diferentes!

Intenta indicarle lo que ha hecho bien, pero también señálale si se ha esforzado, interésate por si lo ha disfrutado, por cómo se ha sentido realizando la actividad, trata de que sea consciente de cuáles son sus emociones, que trate de identificarlas y ponerles nombre. Éste será el primer paso para aprender a gestionar sus emociones.

CAPÍTULO 7

Autoconocimiento

> *"Es mucho más relevante que te conozcas a ti mismo que darte a conocer a los demás."*
>
> *- Séneca*

¿Qué es el autoconocimiento?

El autoconocimiento es el estudio de uno mismo y tiene como fin el conocerse en mayor profundidad. Pero entonces, ¿de qué se trata el autoconocimiento? Principalmente consiste en la realización de una serie de ejercicios que pueden variar en un amplio espectro de opciones, que dan por resultado el alcance de un grado más de interiorización sobre uno mismo.

Quien se conoce en profundidad va a contar con beneficios tales como: saber qué decisión tomar y cómo va a repercutir en su vida, conocer lo que quiere y quién es realmente, cuáles son sus fortalezas y sus puntos a mejorar...

De esta forma, lo que sigue al autoconocimiento es un camino de *aceptación* de todas aquellas cosas que recabamos durante el proceso y que nos caracterizan como personas. Pero inclusive en el caso de encontrar puntos de uno mismo que no nos resulten agradables, y que elijamos tratar de cambiar, el autoconocimiento va a ser la herramienta más valiosa en el desarrollo de ese cambio.

Esto se debe a que nos dará pautas de actuación y mejora. Por ejemplo, cuál es la mejor manera de comenzar y ejercer un cambio en nosotros mismos, qué método utilizar, y si sería conveniente hacerlo solos o buscar agentes externos que nos sirvan de guía y de apoyo.

Así, el autoconocimiento se convierte en un eje especialmente relevante para la construcción de la *identidad y de la autoestima*, la propia aceptación, una vida sana y plena y, sobre todas las cosas, cumple un papel imprescindible para el logro del equilibrio y la estabilidad tanto física como mental.

Podemos vivir ignorando una gran cantidad de información sobre nosotros mismos, pero sin duda viviríamos mejor sabiendo quiénes somos y aceptándonos.

¿Cómo ponerlo en práctica?

Solo con darnos unos minutos al día podemos conocer mejor cómo pensamos, qué sentimos, qué percibimos, cómo somos, cuál es nuestra forma de manejarnos en la vida, de resolver conflictos y de enfrentarnos a las tareas, nuestros deseos, nuestras prioridades, fortalezas, debilidades y gustos; entre una infinidad de elementos que nos hacen ser nosotros.

Para su aplicación pueden distinguirse estrategias tales como:

- La meditación en silencio, utilizando la respiración como único recurso.

- La escritura, ya sea autobiográfica, o de recuerdos, ideas, pensamientos, sensaciones, y otros.

- El dibujo, la poesía, la música u otras expresiones artísticas vinculadas a la esencia personal de cada uno.

Como ves, pueden utilizarse diferentes tipos de técnicas, pero lo más importante es resaltar que conocerse a sí mismo es fundamental para el desarrollo de una vida en paz, armonía y equilibrio.

En este curso, me gustaría darte algunas indicaciones para llevar a cabo unos ejercicios de meditación, ya que considero que es una de las prácticas más simples y efectivas, ya que no requiere de ningún material y puede ponerse en práctica en cualquier momento y, alguna de ellas, en cualquier lugar.

También me gustaría animarte a probar cualquier otra práctica que te resulte atractiva, que te aporte esos momentos de paz y armonía que nos regala el autoconocimiento. Quizás seas de las personas que puede pasarse horas dibujando, tejiendo, cocinando o escribiendo… Este tipo de actividades son muy personales y es por eso por lo que no puedo darte más indicaciones que animarte a explorar hasta que encuentres la tuya, y que una vez que sepas cuál es, trates de regalarte unos minutos cada día para su práctica… No hace falta ser un yogui profesional ni hacer la postura de la flor de loto para practicar el autoconocimiento. Así que no esperes más y comienza a dedicarte tiempo para *autoconocerte*. Que experimentes los beneficios del autoconocimiento es el primer y necesario paso antes de enseñar a los tuyos cómo hacerlo.

Ahora sí, hablemos pues, del silencio, la meditación y la respiración.

El silencio

Actualmente, vivimos en un mundo en el que el ruido es el protagonista. Tanto en la calle, en los locales comerciales, como en nuestro hogar, es habitual que haya diversas fuentes de ruido y nos vemos obligados a tratar de focalizar nuestra atención en lo que más nos interese en cada momento. Es muy habitual ver a los adolescentes realizando sus deberes con la televisión de fondo, el móvil a un lado y la pantalla del ordenador delante, oscilando rápidamente de un estímulo a otro. Pasan los días, las semanas y los meses, sin que probablemente hayan disfrutado de unos minutos de silencio, de paz, ya que muchos de ellos incluso se van a la cama y se quedan dormidos con la televisión puesta, la radio o la pantalla del ordenador encendida.

El ruido nos perjudica más de lo que pueda parecer. Los niños (y también los adultos) expuestos a él constantemente, tienen tendencia a ser más irritables, más inquietos y agresivos. Además, por lo general, tienen menos capacidad de concentración y un menor rendimiento desempeñando tareas.

Los niños de hoy son nativos digitales, por lo que están acostumbrados a atender a diferentes estímulos al mismo tiempo, y a recibir y procesar una gran cantidad de información. Se dice que actualmente producimos en dos días la misma cantidad de información que antes requería unos 5000 años. Por eso, hoy más que nunca, debemos enseñar a los más pequeños a detener la avalancha de estímulos a la que están expuestos, y disfrutar de la quietud y la calma de vez en cuando.

El silencio es una parte fundamental del proceso de aprendizaje, necesario para la consolidación de contenidos y la reflexión. Cada vez son más los modelos de enseñanza que valoran el silencio como una valiosa herramienta tanto para la enseñanza cognitiva como para el desarrollo integral del alumno. Éste le ayuda a conocerse, a valorarse y a tomar decisiones. En él conectamos con nosotros mismos, nacen unas preguntas y se da respuesta a otras. El silencio tranquiliza el cuerpo, la mente y el espíritu, es una herramienta al alcance de todos, sanadora y pacificadora.

A continuación tienes una actividad muy sencilla y efectiva para que disfrutes de la plenitud de unos minutos de silencio. También es perfecta para realizar en compañía de tu hijo, o invitarle a él a iniciarse en el camino del autoconocimiento.

El Juego del Silencio:

Ayudar a los niños a descubrir la belleza que hay en el silencio es un gran regalo de valor incalculable. El Juego del Silencio contribuye a que los niños aprendan a relajarse, a respirar, a tomar conciencia de sí mismos y también de la cantidad de sonidos que hay a su alrededor, muchos de los cuales ya pasan desapercibidos. El Juego del Silencio "original" fue ideado por María Montessori, y a día de hoy cuenta con múltiples variantes. Ésta es una de ellas.

Material

Tan solo necesitas un lugar cómodo donde tumbar a tu hijo, o bien sentarlo en su escritorio con la cabeza recostada sobre la mesa. Asegúrate de que no hace frío en la estancia ni demasiado calor.

Procedimiento

Dirige a tu hijo hacia una actitud de silencio y ausencia de ruido. Puede ser tarareando una canción que invite al silencio (yo utilizo ésta con la letra un poco cambiada, la tarareo dos veces, cada vez más bajito). Es el momento de colocarnos en una posición que nos permita no movernos durante un par de minutos.

Tras tararear dos veces la canción, le pediremos que cierre los ojos, se relaje y guarde silencio durante el tiempo que dure la actividad. Las primeras veces es posible que no supere los dos o tres minutos. Podemos señalarle que esté atento a ver qué sonidos rompen el silencio tanto en el exterior como dentro de sí mismo.

El Juego del Silencio puede tener diferentes variaciones:

- Encender y observar la llama de una vela y soplarla al terminar el ejercicio.

- Utilizar como temporizador un reloj de arena. Le daremos la vuelta al comienzo de la actividad y observaremos como caen los granos hasta el final de la actividad (procuraremos que los relojes sean pequeños).

- Hacer sonar un bol tibetano y mantenernos sentados en silencio hasta que dejemos de escuchar su sonido...

Para finalizar, simplemente le pediremos que abra los ojos despacio y le preguntaremos cómo se ha sentido durante este tiempo.

Es fundamental aprender desde niños habilidades que nos ayuden a conseguir el bienestar emocional y a gestionar nuestras emociones. Practicar ejercicios de autoconocimiento de forma progresiva ayudará a los pequeños a conocerse, a gestionar sus emociones y a disfrutar de los beneficios de unos minutos de calma, que se prolongarán a lo largo del día... y de toda su vida.

CAPÍTULO 8

Gestión emocional

> *"No somos responsables de nuestras emociones, pero sí de lo que hacemos con ellas."*
>
> *-Jorge Bucay*

Cuando hablamos de gestión emocional, es posible que pienses en el control de las emociones. Quizás creas que una persona que gestiona sus emociones no se enfrenta a conflictos en su día a día, no siente ira, ni se entristece. Nada más lejos de la realidad, al menos, en las personas inmersas en nuestra sociedad. Es posible que si decides irte a vivir a un retiro en medio de la montaña, evites un gran número de conflictos y problemas, pero lo más probable es que tu vida, como la de casi todos, se vea envuelta en una dinámica que te enfrente de manera continua a situaciones que producen enfado, ansiedad, preocupación, estrés, miedo o tristeza.

La gestión emocional supone el conocimiento de uno mismo e implica la observación y percepción de nuestras emociones en esas circunstancias, para poder generar estrategias de afrontamiento apropiadas.

Gestión emocional vs Control emocional

Sobre todo, quiero que te quede claro que la clave principal de la gestión emocional es el *no control y la no represión*. Como vimos anteriormente, una emoción es una reacción de nuestro cuerpo transmitida a través de nuestro sistema nervioso, que nos aporta una información sobre nosotros mismos o nuestro entorno que debemos tener en consideración, por lo que no debemos reprimir nunca lo que sentimos, ni por supuesto, hacerlo con los más pequeños *"no llores"*, *"no te enfades"*, ni ridiculizarlos, ni enfadarnos ni manipularles para que repriman lo que sienten.

¿Qué le trasmitimos a un niño al que le decimos que no se enfade? Que ese emoción no es aceptada, que reprima su rabia. El hecho de que el niño no la exteriorice no significa que la deje de sentir. Y una emoción que no se expresa de una u otra forma... daña.

¿Qué mensaje le llega a un niño cuando le decimos que no tenga miedo? Además de transmitirle que está mal sentir miedo en ese momento, que no está bien visto que lo exprese y lo comparta, por lo que es muy posible que ese niño viva la emoción en soledad... ¿No es mejor enseñarle a gestionar esa emoción y a enfrentar sus temores poco a poco?

Lo mismo ocurre cuando los ridiculizamos por expresar sus emociones: *"Tu hermano es más pequeño que tú y él no llora"*...

Recuerda siempre que todas las emociones son sanas y válidas. No debemos reprimirlas, ni avergonzarnos por sentirlas, ni enviarle ese mensaje a los niños. Como padres debemos **reconocer lo que siente, ponerle nombre, acompañar y** *guiar*. Si expresa rabia, miedo o tristeza, podemos decirle: *"Sé que estás enfadado/asustado/triste por X, lo sé, estoy contigo."* Si el niño expresa su emoción de una forma poco apropiada deberemos indicarle qué hacer cuando se sienta así. De esta manera, el niño sentirá que comprendemos sus emociones, que las aceptamos y que puede expresarlas.

Siempre que sea posible, es muy bueno que cuando le hables sitúes tu mirada al mismo nivel que la del niño, para hablar con él. Agáchate y háblale a su altura, mirándole a los ojos. El contacto visual mejora la comunicación y, de esa forma, el pequeño podrá sentirse más cerca y empatizar mejor con los gestos del adulto que le habla, a quien ya no verá como un gigante que se dirige a él desde las alturas. Si está receptivo, también puedes acompañar la comunicación con algo de contacto y afecto físico.

Crear esta base de confianza y comunicación será beneficioso en vuestra relación como padres e hijos a lo largo de toda vuestra vida y tendrá especial relevancia en la adolescencia, donde es muy probable que el niño sienta la confianza suficiente en sus padres para hablar con ellos de lo que siente, de sus preocupaciones e inquietudes durante esta etapa. Será muy positivo para él saber percibir y aceptar sus emociones y no reprimirlas. Aprenderá a reconocer las emociones ajenas y sentirá más empatía. No tendrá miedo a expresar sus sentimientos ni a dar nombre a los de los demás.

Está demostrado que los adolescentes que saben reconocer sus emociones tienen menos problemas relacionados con el alcohol, las drogas, menos fracaso escolar, menor índice de depresión y también de suicidios.

Invertir tiempo y energía en reconocer, aceptar y gestionar nuestras emociones, sólo traerá beneficios a nuestras vidas.

¿Cómo gestionar nuestras emociones?

A continuación vamos a ver los pasos que forman un proceso de gestión emocional (independiente de la emoción que estamos experimentando: se puede aplicar tanto a emociones menos amables como la tristeza o la ira, como a otras que nos suelen gustar más, como el amor o la alegría).

1. Experimentación:

Se produce en el momento en el que la emoción nos sobreviene, sin importar cuál sea el catalizador que la ha desencadenado. Cuando gestionamos la emoción, en lugar de controlarla, permitimos el paso a la segunda etapa.

En las ocasiones en que reprimimos nuestras emociones, es posible que aparezca una emoción sustitutiva o que nos "desconectemos" de nuestro cuerpo por algún medio. Si cortamos la conexión con la emoción, es posible que ésta regrese más adelante con mayor intensidad (el cerebro interpreta que no envió una señal lo suficientemente poderosa como para hacernos tomar conciencia de lo que nos pasa). En ocasiones, también puede desencadenar en diversas patologías el exceso de control o represión corporal-emocional.

2. Estado de flujo:

Es el paso al que llegamos si permitimos que la emoción se exprese y desencadene. Suele incluir reacciones fisiológicas.

Implica un proceso de inmersión. Por ejemplo, cuando sentimos ira se nos acelera el pulso, sentimos calor y/o ganas de gritar, entre otros síntomas medibles. Este estado se mantiene con mayor o menor intensidad hasta la finalización del proceso. No obstante, una toma de conciencia puede requerir, a menudo, varios episodios para llegar a una resolución: depende de varios factores, pero el principal es la experiencia en gestión emocional que tengamos. ¿Quién no ha tenido emociones recurrentes?

3. Observación:

La observación se produce en el momento en el que metafóricamente damos un paso atrás y observamos qué nos está pasando. Una falsa creencia, aunque muy habitual, es que para poder comprendernos a nosotros mismos es necesario desvincularnos de la emoción y "mantener la cabeza fría". Por lo general, muchas personas creen que llegan a esta etapa a través de la represión. Sin embargo, es necesario estar conectados con la emoción y contemplarla al mismo tiempo. Es frecuente que en este estado los síntomas que inicialmente sobrevinieron pierdan cierta intensidad, pero para observar sin juicio es necesario estar en conexión con lo que sentimos, no con lo que "creemos haber sentido". Simplemente, se trata de no desactivar el interruptor. Un ejercicio para practicar esto es imaginarnos que alguien cercano (puedes ser tú mismo) está a tu lado y te observa. La respiración profunda y la relajación suele ser un mecanismo que también favorece el acceso a esta etapa de gestión emocional.

4. Toma de conciencia:

No tienes que hacer nada para llegar a este paso del proceso. Si te observas con paciencia y sin presiones, durante varios episodios (o a través del recuerdo de los mismos), las respuestas llegan solas. Necesitamos experimentar las emociones para comprender.

A veces nos damos cuenta de que detrás de la emoción que sentimos hay otra que estaba reprimida: es sorprendente la cantidad de emociones sustitutivas que podemos llegar a experimentar. Y no sólo se trata de emociones sustitutivas: hay procesos en la vida con un intenso impacto en nosotros (por ejemplo, los duelos), que requieren la asimilación de diferentes emociones, no sustitutivas, sino necesarias, por la importancia que el mensaje tiene para nosotros. Si éste es tu caso, quizás tengas que gestionar desde el inicio la nueva emoción, pero no olvides felicitarte por tu toma de conciencia.

5. Integración:

Cuando hacemos una toma de conciencia, es decir, nos damos cuenta del mensaje que nos quería transmitir nuestro cerebro a través de una emoción, aprendemos cosas sobre nosotros. Pues bien, no solo se trata de comprender, sino de aprehender, de integrarlo en nuestra identidad, y esto puede llevar un tiempo.

6. Adaptación:

Es el período que transcurre desde que integramos en nuestra identidad una nueva información sobre nosotros mismos, una vez termina la etapa de integración, hasta que nuestro organismo se sintoniza con nuestra realidad cotidiana.

Cuando hacemos esto, es posible que de forma residual sigamos experimentando las emociones antiguas con menor intensidad. El cuerpo comprende, pero su respuesta no es automática.

7. Equilibrio:

Este es el estado en el que te sientes en paz contigo mismo con respecto a la emoción que has experimentado. Si miras atrás, te sientes cómodo con el aprendizaje que te reportó la experiencia. Cuanto más equilibrado te encuentres, más sencillo será gestionar futuras emociones.

Ahora que ya conoces la teoría, "tan solo" te queda pasar a la práctica. Necesitarás tiempo para conocerte mejor, pero te garantizo que cada minuto que te dediques será bien empleado.

Por si lo necesitas, te daré una razón más para tratar de motivarte. Es muy difícil que enseñemos a los niños a gestionar sus emociones si nunca lo hemos hecho nosotros. La enseñanza más efectiva parte de la experiencia del maestro y de la motivación del alumno. Ahora tienes en tus manos los conocimientos para conseguir ambas cosas. ¡A por ello!

CAPÍTULO 9

Desarrollo del cerebro social

"Las grandes ciudades surgieron en el último siglo, pero nuestra vida social es la misma que hace cien mil años."

-Robin Dunbar

El desarrollo del cerebro comienza a formarse desde el embarazo. Hay estudios que han confirmado que la situación emocional de la madre durante, sobre todo, la segunda mitad del embarazo, influye en el desarrollo cerebral de su hijo.

El cerebro es un órgano social. Desde que un bebé nace ya está preparado para conectarse y relacionar los actos que ve en los demás con lo que él hace y siente.

Aprendemos desde muy temprano a usar nuestra conexión con las personas de confianza para aliviar nuestra ansiedad y nuestra angustia. Esto constituye la base de un apego seguro y de una relación afectiva sana (Pérez, 2001). Si no recibimos una crianza así, nuestro cerebro tendrá que aprender a arreglárselas como pueda; es decir, un niño puede aprender a "ir a la suya" en un intento de consolarse de la mejor manera que sabe.

Los padres no son los únicos que influyen en el establecimiento de las relaciones afectivas del niño. La relación con otros familiares, educadores o con sus iguales también son de gran importancia y le sirven de modelo de aprendizaje. Si las relaciones son distantes, frías o críticas, los niños esperarán esto de todas sus relaciones posteriores. Por el contrario, si el pequeño disfruta de relaciones cálidas, llenas de afecto y comprensión, esto será la base para la creación de relaciones futuras en sus diferentes entornos.

Venimos programados para que nuestra supervivencia dependa de entender las acciones, intenciones y emociones de los demás. Las **neuronas espejo nos permiten entender la mente de los demás,** no sólo a través de un razonamiento conceptual sino mediante la simulación directa (Bryson, 2012). Es decir, **sintiendo, no pensando.** Rizzolatti (1996) encabezó a un grupo de científicos que durante la década de los 90 descubrió las neuronas espejo durante un experimento con macacos. Este neurobiólogo observó que en los cerebros de estos simios se activaban las mismas zonas neuronales comiendo cacahuetes que viéndolos comer a un semejante.

Las neuronas espejo

La clave de este descubrimiento está en que las neuronas espejo solo responden a una acción que el individuo realiza de forma intencionada, en la que existe un propósito. Además, juegan un papel fundamental en la imitación y, por tanto, en el aprendizaje.

Por ejemplo, a muchos hermanos pequeños se le dan mejor ciertas habilidades que también realizan sus hermanos mayores, como los deportes. Antes de entrar a formar parte de su propio equipo de fútbol, sus neuronas espejo se han activado cientos de veces, observando a sus hermanos chutar o lanzar una pelota. Los bebés, como ya demostraron Meltzoff y Moore (1977), ya se encuentran predispuestos a imitar, casi por acto reflejo, las emociones y gestos que observan en los mayores.

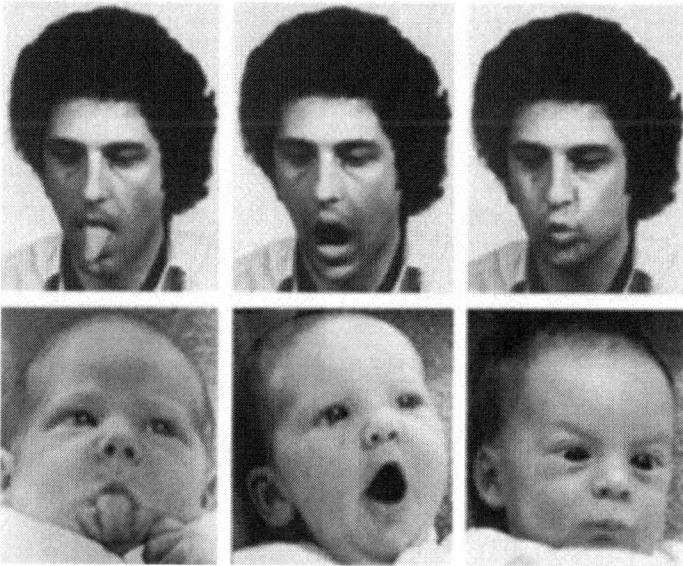

Imitación de un bebé ante los gestos del adulto. *Meltzoff and Moore (1977)*

Parece que estamos pues preparados y "diseñados" para conectar con los demás.

La importancia de sintonizar con los demás

Como indican Siegel y Bryson (2011) en su libro "El cerebro del niño", es muy importante enseñar a los niños desde las primeras edades a conectar con el estado de ánimo de los otros, y a ponernos en su lugar.

Para esto, no es solo importante enseñar a prestar atención y escuchar atentamente, sino que es necesario responder también a lo que no se dice. A los niños no les resulta fácil comprender este tipo de comunicación, por eso los adultos debemos de ayudarles e indicarles en qué cosas pueden fijarse para interpretar cómo se siente el otro.

En muchas ocasiones, el lenguaje no verbal comunica más que las propias palabras, así que debemos ayudar a los niños a entender los mensajes que emiten los demás, aunque estos no abran la boca. Por ejemplo, después de que un compañero de clase haya perdido una carrera de natación, podemos indicar al niño a fijarse en que quizás a este compañero le vendría bien que le animasen, aunque él diga que está bien. Podemos hacer referencia a su lenguaje corporal: es probable que tenga los hombros caídos, que esté cabizbajo o que no tenga ganas de hablar. Ayudar a los niños a interpretar este tipo de señales aumentará su visión de la mente y los equipará para interpretar a los demás y empatizar con sus emociones durante el resto de sus vidas.

Para sintonizar con el cerebro de los otros, Baron-Cohen (1995) afirma que nacemos con ciertos mecanismos que nos ayudan a conectar con el cerebro de los otros. En concreto, defiende que hay cuatro:

1. ***EDD*** (el Detector de Dirección de la Mirada), que orienta al niño a mirar a los rostros y en especial a los ojos, a fijarse hacia dónde está mirando otra persona.

2. ***ID*** (el Detector de Intencionalidad), que inclina al niño a interpretar el movimiento autopropulsado o animado como dirigido a un fin.

3. ***SAM*** (el Mecanismo de Atención Compartida), que impulsa al niño a comprobar si él/ella y otra persona están prestando atención al mismo suceso u objeto.

4. ***ToMM*** (el Mecanismo de Teoría de la Mente), este último punto es el de más relevancia. Permite pensar sobre los estados mentales de otra persona (sus pensamientos, creencias, conocimientos, deseos, percepciones y emociones).

Baron Cohen añade que estos mecanismos no actúan por sí solos, sino que requieren de la estimulación ambiental para desarrollarse y funcionar adecuadamente. Esta sería la parte cognitiva de la empatía. Pero, además, tenemos la parte afectiva, que es el sistema que responde a los sentimientos ajenos. Es decir, **la empatía consta de dos sistemas, uno** que nos permite leer el contenido **mental** ajeno **y otro** que, una vez realizada esta lectura, nos permite experimentar una respuesta **emocional** adecuada a lo que observamos.

Es inevitable, llegado a este punto, hacer una pequeña referencia al concepto de "***Ceguera Mental***" o incapacidad de ver bien la mente de los otros. Dicha ceguera, se relaciona con el **autismo**, ya que un niño autista es incapaz (cognitivamente) de ponerse en el lugar del otro, ni para darle amor ni para tratar de hacerle daño. Es decir, existe una desconexión entre su mente y la representación de la de los otros, que hace que no vea a los demás, o al menos que no los perciba como seres semejantes. A causa de tal desconexión le resulta casi imposible (dependiendo del grado de autismo) ofrecer una reacción comunicativa y afectiva adecuada ante el mundo social que le rodea.

Apego y socialización

Hay que tener en cuenta que el ritmo de vida de la sociedad actual, y algunas recomendaciones erróneas sobre crianza y educación, han repercutido negativamente en la calidad de la crianza de los niños y perjudicado su desarrollo cerebral, afectivo y social. Esa es la conclusión de un conjunto de investigaciones interdisciplinarias realizadas por Darcia Narváez (2011).

Durante un tiempo se han extendido ciertas prácticas perjudiciales para los más pequeños, como: recurrir a la lactancia artificial en lugar de la lactancia materna, aislar a los niños en sus dormitorios, el lema de no atender el llanto de los bebés para que no se "malcríen", la falta de tiempo para el tan necesario juego libre, o la influencia de cierta programación de televisión o algunos videojuegos. Todos estos mitos podrían agravar los problemas que pretenden solucionar y aumentar los niveles de ansiedad y depresión en niños de todas las edades (cada vez más jóvenes). Además, dichas pautas incorrectas pueden elevar los comportamientos violentos y la delincuencia, y reduce la capacidad de empatía, la gran base de la inteligencia emocional y la sociabilidad (Ferreros M. L. 2007).

Además de crear buenas relaciones, los niños deben prepararse para formar parte de un grupo, crear una sensación de unión con los demás, que derive en un "nosotros". Para ello, se requiere no solo un cerebro preparado para ello, sino ciertas aptitudes que es necesario adquirir para disfrutar de una buena relación con nuestros semejantes.

Los padres aportarán el primer aprendizaje sobre las relaciones con los otros; el primer "no", los primeros logros, la alimentación con todos sus cambios en los primeros años de vida, el control de esfínteres, la adquisición de la autonomía en los hábitos diarios, etc.

Estos procesos tienen como escenario principal el hogar y como secundario la escuela infantil. La comunicación fluida durante todos estos procesos es fundamental. El niño recibirá mensajes de padres y educadores que se esfuerzan por conseguir un mismo objetivo, y que también deberán establecer una buena comunicación y colaboración entre ellos para lograr unos buenos resultados.

Ahora que ya sabemos un poco más sobre la influencia del entorno familiar en la sociabilidad del niño, es hora de adentrarse en el ámbito escolar.

El papel de la escuela en la socialización

La escuela infantil cumple un papel muy importante en la socialización del niño, en su capacidad de relacionarse con otros niños, de sentirse parte de un grupo, respetar las normas, integrarse y de resolver conflictos en un ambiente alegre, que le haga sentirse lo más seguro posible.

Sin embargo, no podemos caer en el error de pensar que el niño necesita desprenderse de su ambiente familiar lo antes posible. Antes de eso, es recomendable que el pequeño afiance su personalidad con su familia, para llegar a ser verdaderamente independiente en un futuro (Rodríguez, 2005).

La labor de la escuela infantil como agente socializador es muy relevante, sobre todo, en el caso de los hijos únicos. Como defiende el psicólogo infantil Luis Alberto Rengifo (2007) no es extraño que, en estos casos, los niños se vean envueltos en un ambiente de sobreprotección, lleno de altas dosis de cuidados sin fundamentos, rodeados de grandes limitaciones y prohibiciones.

Esto resulta especialmente importante durante la fase de socialización temprana, en la que se inician las relaciones de amistad (a partir de los 3 años). Tal y como afirmaba Piaget (1968), los niños de tres años juegan individualmente con una materia social, reman conjuntamente en un barco, cada uno con su remo, unos al lado de otro, pero todavía no es un trabajo en equipo. Los niños ven a sus compañeros con sus remos a un lado y al otro, es el primer paso hacia la amistad tal y como la conocemos de mayores. Por tanto, "los amigos de la guardería" van siendo percibidos como "otro niño que no soy yo".

De ahí, que las vivencias que tengan a partir de esta edad con los demás, serán la base de la forma de relacionarse que tendrá el niño en un futuro (Guaita, 2007). En definitiva, su capacidad de cooperar en un "nosotros" y unirse a los otros en un futuro, dependerá de la calidad de las relaciones afectivas que tenga con sus seres más allegados (padres, familiares cercanos, maestros, educadores y otras personas importantes).

Si estas relaciones son sanas, abundantes, los pequeños adquirirán habilidades para relacionarse, como comunicarse, escuchar activamente, interpretar gestos o expresiones faciales, interpretar la comunicación no verbal, y también aptitudes para colaborar, cooperar, sacrificarse y compartir (Guaita, 2007).

En esta edad, hacia los 3 años, es frecuente que los niños atraviesen una pequeña crisis, donde se imponen al adulto y se enfrentan a él, pretenden afianzar su autonomía. Comienzan a interactuar con sus iguales, a tomar la iniciativa, planear juegos, inventar actividades. Esta etapa, conocida como la crisis de oposición, Erikson [1950-1994] puede generar conflictos entre el niño y sus padres, que en su intento por frustrar esta iniciativa, pueden desarrollar en el pequeño un sentimiento de culpa, que repercutiría negativamente en su autoestima y en sus relaciones los demás (Pérez, 2001).

CAPÍTULO 10

Cómo desarrollar la asertividad

"Cuando dices "sí" a otras personas, asegúrate de que no te estás diciendo "no" a ti mismo."

- Paulo Coelho

La asertividad puede definirse como un comportamiento comunicacional maduro en el que la persona no agrede ni impone su voluntad, ni se somete a la de otros. Una persona asertiva sabe expresar sus convicciones, sus emociones y defiende sus derechos sin agredir a los demás ni ser agredido.

La asertividad es una conducta compleja, que se adquiere con el tiempo y que forma parte del proceso de desarrollo emocional. Para entender bien los beneficios de una comunicación asertiva, nos ayudará conocer los diferentes estilos de comunicación:

1) Estilo pasivo:

Es usado por personas preocupadas por satisfacer a los demás que son incapaces de pensar en la posibilidad de enfrentarse a alguien en cualquier sentido. Estas personas anteponen los deseos y las opiniones de los demás a los suyos propios.

El estilo de comunicación pasivo o inhibido genera sentimientos de desamparo, depresión y tensión a la hora de mantener relaciones interpersonales y sociales, y los individuos que lo usan habitualmente padecen de una baja autoestima.

Rasgos característicos:

a) Elementos no verbales.

- Expresión facial: seria, o sonrisa tímida y tensa.

- Ojos: mirada orientada hacia abajo, sin mirar directamente a los ojos.

- Sonrisa: tímida, con muy poca frecuencia y mínima amplitud.

- Postura corporal: tiende a alejarse y a contraerse.

- Posición: ladeada con respecto al interlocutor, evitando el frente a frente.

- Evitan el contacto físico al estrechar la mano y la suelen dejar "muerta".

- Gestos: pocos y próximos al cuerpo para pasar inadvertidos.

- Automanipulaciones abundantes así como movimientos nerviosos con manos y piernas.

b) Elementos paraverbales:

- Volumen de voz: excesivamente bajo.

- Entonación: más bien monótona.

- Fluidez verbal: escasa, resultando el habla entrecortada.

- Velocidad: muy lenta o muy rápida.

- Claridad: deficiente.

- Duración: breve y a base de monosílabos.

c) Elementos verbales:

- Atención personal: uso del condicional, sin afirmaciones y con muletillas dubitativas.

- Contenido: no suelen interesarse por sus interlocutores.

- Preguntas y respuestas: contestan con la menor cantidad de palabras.

2) Estilo agresivo.

Es el estilo habitualmente usado por personas que no sólo se preocupan por defender a cualquier precio sus derechos, sino porque su forma de defenderlos normalmente lleva aparejada la falta de respeto hacia los derechos de los demás, incluso cuando no sea necesario defender los propios.

Son características generales de este estilo de comunicación: la agresión, el desprecio y el dominio hacia los demás. Con frecuencia están aislados, tensos y pierden con facilidad el control de las situaciones y de sus propios recursos al enfrentarse a las relaciones interpersonales. Practican la comunicación unidireccional, pues no permiten la retroalimentación.

Rasgos característicos:

a) Elementos no verbales.

- Expresión facial: con signos de tensión o de enfado permanente.

- Ojos: miran directamente, de manera agresiva y sostenida.

- No respetan las distancias traspasando incluso la distancia íntima.

- Posición frente a frente.

- Gestos: abundantes y amenazadores.

b) Elementos paraverbales:

- Volumen de voz: excesivamente alto, lo que impide el uso de la entonación.

- Fluidez verbal: buena.

- Velocidad: muy rápida.

- Claridad: no muy buena.

- Duración: excesiva.

- Latencia: muy corta.

c) Elementos verbales:

- Contenido: usan términos imperativos, críticas al comportamiento de los demás, y utilizan con frecuencia palabras y formas amenazadoras y expresiones malsonantes.

- Atención personal: no suelen interesarse por sus interlocutores.

- Preguntas y respuestas: contestan a las preguntas con otra pregunta o la ignoran.

3) Estilo asertivo.

Es el estilo habitualmente usado por personas que son capaces de expresar sus sentimientos, ideas y opiniones, de forma que aún defendiendo sus propios derechos, respeta de forma escrupulosa los derechos de los demás. Es decir, utiliza los componentes de la comunicación de forma que optimiza sus habilidades sociales. Se adaptan al contexto donde se desarrolla la comunicación y consiguen comunicarse en cada ocasión de la mejor forma posible.

En sus relaciones interpersonales se sienten relajados y con control, lo cual facilita la comunicación. Se gustan a sí mismos y gustan a los demás, y el trato con ellos suele resultar, en términos profesionales y personales, bueno con los demás y bueno para ellos mismos, como consecuencia de esa negociación ideal en la que todos ganan en que convierte el proceso de comunicación.

Rasgos característicos:

a) Elementos no verbales.

- Expresión facial: amistosa y distendida.

- Ojos: miran directamente al interlocutor pero le dan descansos.

- Sonrisa: frecuencia.

- Posición: frente a frente manteniendo las distancias adecuadas.

- Gestos: firmes y abundantes pero nunca amenazadores.

b) Elementos paraverbales:

- Volumen de voz: adecuado.

- Entonación: variable, en función de la parte del mensaje que quiere resaltar.

- Fluidez verbal: buena.

- Velocidad: adecuada.

- Duración: proporcional a los participantes.

- Latencia: se aseguran de que la otra persona ha terminado de hablar.

c) Elementos verbales:

- Contenido: usan la primera persona para expresar sus propias ideas, opiniones, emociones y sentimientos, y hablan en términos de colaboración.

- Atención personal: abundante, reforzando siempre al otro.

- Preguntas y respuestas: formulan preguntas adecuadas y responden de manera adecuada al tipo de pregunta (abierta o cerrada).

Identificar el estilo de comunicación de una persona nos facilitará la tarea de relacionarnos con él. Un estilo de comunicación denota una personalidad detrás del mismo y cuantos más datos tengamos de nuestro interlocutor, mejor le podremos conocer y adaptarnos para que la comunicación sea más exitosa.

¿Cómo conseguir que mi hijo sea asertivo?

1.- Muéstrate asertivo:

Nada que no te hayas imaginado, ¿verdad? Quizás suene demasiado obvio, pero debes recordar siempre que eres el principal modelo de conducta de tu hijo. Es muy frecuente ver a padres que les recuerdan de forma constante a sus hijos que pidan las cosas *"por favor"* o que den las gracias, cuando ellos apenas lo hacen. También es habitual que seamos asertivos entre nosotros, con otros adultos, pero no lo hagamos con los niños, sobre todo en ciertas situaciones.

Por ejemplo, si queremos que nuestro hijo deje de ver la televisión para venir a la mesa a cenar, algunos papás quizás traten de inventarse alguna excusa como *"la televisión se ha estropeado"*.

Nos resulta complicado ser asertivos a la hora de poner ciertos límites. Tendemos a sentirnos culpables por decir: *"No quiero que veas la televisión ahora"*, y preferimos plantear otro argumento que no nos haga responsables de la situación. Ante algo así, mi recomendación es que seas valiente y te muestres claro con él. Es posible que te sientas mal, que te parezca que fuiste muy duro. Pero tú eres el adulto y el encargado de poner las normas en casa. Poco a poco, según vaya creciendo, podréis negociar ciertos aspectos de convivencia y por eso, como ya te dije, te recomiendo que plantees pocos límites y muy claros, mejor que muchos y negociables. Si realmente estás convencido de que lo que estás haciendo es lo mejor, o que es lo que debes hacer, no es necesario que te inventes excusas.

Trata de incluir algunas frases en tu vocabulario como:

- *"No quiero que..."*
- *"No es momento de..."*
- *"No voy a comprarte..."*

2.- No le engañes.

Mentir no es la solución para resolver ningún conflicto. A los niños les repetimos constantemente frases como *"no se dicen mentiras"*, pero a nosotros, a veces, se nos olvida. Cuando mientes a tu hijo, activas en su cerebro varias áreas en el hemisferio derecho, relacionadas también con la emoción del asco. Piensa en la cara de una persona cuando ve algo desagradable y en cuando desconfía de lo que le dicen... son similares, ¿verdad? Estas dos emociones van unidas, por lo que al tratar de engañar a tu hijo estás generando en él ese tipo de emociones, que lo único que harán será debilitar vuestro lazo afectivo y vuestra relación.

3.- Escúchale, tenle en cuenta.

Reconoce sus opiniones, negocia... Eso también es ser asertivo. Podemos hacer excepciones de vez en cuando con ciertos límites. Que vea que ser asertivo sale rentable. Te pongo un ejemplo: Imagina que vas conduciendo y te saltas una señal de "stop", porque en ese momento vas distraído. Al momento, ves que se acerca un coche de policía, has incumplido una norma de tráfico y sabes que viene a multarte. Bajas la ventanilla del coche y, efectivamente, el policía te pide tus datos, tu carnet de conducir y te explica que va a proceder a ponerte una multa, por saltarte un stop.

Decides intentar negociar, suplicar: Le explicas que lo sientes mucho, que no volverá a ocurrir, que estás de camino al colegio a recoger a tus hijos...

Finalmente el policía se ablanda. Te dice que puedes continuar la marcha, que no vuelva a suceder y que conduzcas con cuidado.

¿Qué sentirías en ese momento? Alivio, ¿verdad? ¡Qué policía más majo y comprensivo!

No pretendo que no pongas límites en tu casa, ni mucho menos. Las normas están hechas para cumplirse. Pero recuerda que no eres una máquina y si un día eres flexible, tampoco pasa nada.

También debes darle a él la oportunidad de decir *"no"* y *"quiero"*, siempre sabiendo que nosotros nos podemos negar. Pero es importante que sepa expresar sus deseos y que compruebe por sí mismo que ser asertivo es positivo. Si el niño te pide algo de una forma apropiada y crees que se lo puedes conceder, está bien que lo hagas.

4.- Reconoce sus derechos (a la par que sus obligaciones):

Los niños y niñas tienen en general los mismos derechos humanos que los adultos. Pero como son especialmente vulnerables, es necesario que tengan otros derechos concretos que reconozcan su necesidad de recibir una protección especial. El listado es largo, pero si quieres conocerlos con mayor profundidad, puedes consultar la página web de Unicef[2] y resolver todas tus dudas.

Todos los derechos son igual de importantes y hay que tenerlos en cuenta, pero me gustaría que prestaras especial atención a unos cuantos:

- *Derecho a ser tratado con respeto*: nada de humillaciones, ni violencia verbal ni física. No le hagas nada a un niño que no le harías a un adulto para imponerte.

- *Derecho a equivocarse*: por desgracia, nuestro sistema educativo, por lo general, sigue penalizando el error. Trata de compensar este aspecto reconociendo tus errores delante suya y recordándole que cada fallo que cometemos nos enseña algo, nos ayuda a mejorar, y que siempre es un paso menos para lograr nuestro objetivo.

- *Derecho a ser autónomos*: No le infundas miedo a la autonomía. Deja que lo haga por sí mismo si lo puede hacer. Ayúdale a satisfacer sus necesidad de independencia. Que haga todo lo que pueda solo.

- *Derecho a no sentir culpa*: Por pedir lo que quieren, por equivocarse… Tendemos a reñir a los niños cuando sienten determinadas emociones. Un ejemplo muy claro es el del hermano mayor que siente celos de su hermano pequeño. Por supuesto que hay que tratar esa emoción, pero ridiculizarle o hacerle sentirse culpable NO es la forma adecuada de hacerlo.

---

[2]https://www.unicef.es/sites/www.unicef.es/files/convencion_derechos_ni no_integra.pdf

- ***Derecho a gozar y a disfrutar***: Los niños de hoy en día apenas tienen tiempo de ser niños. Déjale tiempo libre para que juegue, para que se ría, para que se divierta y también para que se aburra, para que desarrolle su creatividad...

- ***Derecho a enfadarse y quejarse***: Sí, has leído bien, pero por si acaso, lo repetiré de nuevo: ¡los niños tienen derecho a quejarse y a enfadarse! Poco más que añadir... tan solo que respetemos su derecho a hacerlo.

Atención: *Recuerda que los niños también tienen obligaciones, como las de respetar a sus padres, o colaborar en la medida de lo posible ayudando a su familia. También es importante que conozcas cuáles son sus responsabilidades y tus derechos como progenitor.*

CAPÍTULO 11

Trabajo cooperativo

"Somos seres sociables por naturaleza. Estamos condenados a agruparnos para conquistar la victoria".

-Álex Pimentel

La asertividad podría definirse como una habilidad social, pero ¿qué son exactamente las habilidades sociales? Inés Monjas, psicóloga especialista en este área las define como:

"Conductas o destrezas sociales específicas requeridas para ejecutar competentemente una tarea de índole interpersonal. Implica un conjunto de comportamientos adquiridos y aprendidos y no un rasgo de personalidad. Son un conjunto de comportamientos interpersonales complejos que se ponen en juego en la interacción con otras personas".

Como hemos explicado en diferentes ocasiones, el ser humano es un ser social, acostumbrado a vivir en comunidad, aspecto que, sin duda alguna, nos ha ayudado a conseguir la supervivencia de nuestra especie.

Tanto en la familia, en la escuela o una empresa, es esencial para que el equipo funcione, que sus miembros sepan realizar una labor juntos, de manera interdependiente, y que se sientan satisfechos de pertenecer a ese grupo.

El sistema educativo:

La incorporación del niño al sistema escolar le permite y obliga a desarrollar ciertas habilidades sociales más complejas y extendidas. El pequeño debe adaptarse a otras exigencias sociales: diferentes contextos, nuevas reglas y necesidades de un espectro más amplio de comportamiento social. Por eso, es fundamental conocer el modelo educativo de la escuela de nuestro hijo.

El sistema educativo actual fue diseñado, concebido y estructurado para una época diferente, a mediados del siglo XIX, durante la Revolución Industrial. Hoy, en pleno siglo XXI, las sociedades se encuentran inmersas en la era digital y del conocimiento que cambia de manera vertiginosa, caracterizada por la globalización, la tecnología, las problemáticas psicosociales y el desequilibrio ecológico. Todo ello nos presenta un reto ineludible: la preparación de ciudadanos del mundo con conocimientos científicos, técnicos, conscientes de sus deberes y derechos, con habilidades para pensar, creativos, y talentosos, con suficiente iniciativa para afrontar a una sociedad caracterizada por el cambio constante, la incertidumbre, la economía global, la diversidad en sus diferentes aspectos, la diversificación de profesiones y oficios, el desarrollo tecnológico y su influencia en las relaciones sociales.

La inteligencia social en el trabajo

Como acabamos de ver, es muy difícil preparar a los niños de hoy para tener la seguridad de conseguir un trabajo el día de mañana. Lo que sí sabemos es que en un momento en el que están surgiendo los primeros prototipos de robots sociales, la gama de habilidades emocionales aún es limitada; las máquinas no sienten. Las organizaciones valoran a los profesionales que evalúen rápidamente las emociones de quienes los rodean y, en consecuencia, adapten sus palabras, el tono y los gestos. Siempre ha sido una habilidad clave en la selección y promoción de las personas, pero ahora resulta crucial, ya que los trabajadores deben colaborar y construir relaciones con grandes grupos de personas en contextos diferentes.

¿Qué actividades podemos realizar con nuestros hijos?

Cualquier tipo de actividad en la que disfrutéis de compartir ese momento, los niños se sentirán muy felices al jugar con sus padres y probablemente muchos de esos ratos serán inolvidables. Los juegos pueden utilizarse en las actividades cotidianas o en momentos dedicados exclusivamente para jugar. Aquí tenéis algunas propuestas:

Los juegos cooperativos promueven la unión y el apoyo entre los integrantes, por ejemplo:

- Realizar un collage juntos, con imágenes de revistas que nos gusten, con temáticas divertidas; por ejemplo, ahora en septiembre podemos buscar imágenes que nos recuerden las vacaciones que disfrutamos y hablar de nuestros momentos favoritos.

- Cocinar juntos, a los niños les encanta hacer repostería, por ejemplo, o preparar una rica pizza para cenar.

- Pintar juntos en un mural con pinturas de manos (¡también sirven para los pies!), témperas y esponjas o pinceles.

- El juego simbólico siempre les encanta: jugar con muñecas, a las *cocinitas*, a los médicos o los mecánicos... ¡Disfrutemos con ellos!

Los juegos de mesa son una excelente oportunidad para compartir en familia. A pesar de ser juegos competitivos, aprender a ganar o perder ayudará al niño en su desarrollo social.

CAPÍTULO 12

La flexibilidad cognitiva

> *"La medida de la inteligencia es la capacidad para cambiar."*
>
> -Albert Einstein

La flexibilidad mental o cognitiva podría definirse como "la capacidad de reestructurar espontáneamente el propio conocimiento de formas variadas, para dar una respuesta adaptada a las exigencias que plantean situaciones cambiantes". Se caracteriza por la capacidad de pasar de una modalidad de tratamiento de la información a otra.

Un niño con una buena flexibilidad mental será capaz de:

1. Captar varias dimensiones de una misma realidad.

2. Efectuar fácilmente una transición de una actividad a otra.

3. Modificar su perspectiva a la luz de una nueva información salida del entorno.

4. Tolerar los cambios que pueden suceder durante la resolución de problemas o la ejecución de una tarea.

Se trata de una habilidad esencial para el aprendizaje y la resolución de problemas. Nos facilita la capacidad de **captar los aspectos cambiantes en la información** de la realidad que analizamos, así como la **posibilidad de cambiar de estrategia** en el curso de la acción cuando ésta se aparta de nuestros objetivos.

Algunos niños tienden a reproducir esquemas rígidos de forma automática, lo que da lugar a procedimientos ineficaces. Un ejemplo es cuando un alumno memoriza un procedimiento concreto, siendo incapaz de modificarlo con éxito ante la más mínima novedad. Por otra parte no es difícil encontrarnos, durante el proceso de aprendizaje, que estos niños presenten una baja tolerancia a la frustración presentando rabietas y un cierto oposicionismo, así como una resistencia activa ante las aclaraciones que realizamos con empecinamiento en su propia visión. Suelen aceptar con dificultad cualquier procedimiento alternativo. Los padres lo resumen con la frase "es muy cabezón, no acepta lo que le dices".

Proceso

La solución de un problema determinado nos exige un nivel de atención suficiente, así como el análisis de la situación y sus alternativas, lo que implica la capacidad de cambiar de forma idónea cuando los resultados no pertinentes lo requieren. Para poder hacerlo con éxito necesitamos recurrir a imágenes o representaciones mentales, lo que implica, igualmente, una buena capacidad de memoria de trabajo. Un ejemplo sobre lo que se ha descrito sería cuando nos enfrentamos a la correcta ortografía de una determinada palabra: vemos su grafía y la comparamos con la representación mental que tenemos en nuestra memoria de la misma. Terminamos por aceptarla cuando se establece una congruencia entre lo percibido visualmente y lo representado.

En todo este proceso, es sumamente importante que el niño tenga la capacidad suficiente para inhibir las respuestas automáticas, así como la capacidad de establecer estrategias de recambio. En este procedimiento es igualmente importante la flexibilidad en el desplazamiento de la focalización atencional que le permita pasar de forma ágil de un tipo de información a cualquier otro.

Otra capacidad que debe adquirir el niño es lo que se denomina "pensamiento divergente". Consiste en ver las situaciones o las soluciones a un problema desde diversos ángulos. La búsqueda de alternativas.

Lenguaje interno

El niño de tres o cuatro años no ha interiorizado totalmente su lenguaje. Por ello, no es difícil observar como habla en voz alta en situaciones de juego, por ejemplo. Conforme vamos creciendo, interiorizamos el lenguaje: nos hablamos a nosotros mismos en silencio. Cuanto más compleja es la tarea que realizamos más se estructura nuestro lenguaje interior. La calidad semántica de nuestro lenguaje influye igualmente en nuestra capacidad cognitiva a la hora de resolver situaciones dilemáticas y de aprendizaje. De aquí se deriva que, cuanto más preciso es el lenguaje interior, mayor es la capacidad de estructurar nuestro pensamiento. Suele admitirse que la calidad de la gestión de los procesos mentales es proporcional a la del lenguaje interior.

Esto que acabamos de describir es fundamental en cualquier proceso de aprendizaje y contribuye significativamente a la flexibilidad cognitiva. Al niño hay que enseñarle a utilizar el lenguaje lo más preciso posible en las explicaciones con la finalidad de desarrollar un buen lenguaje interior: un lenguaje interior caótico, deshilvanado, conduce a un procesamiento de la información igualmente caótico.

Suelen distinguirse en el lenguaje dos tipos de estructuras: una profunda y otra superficial. La estructura profunda contiene todas las experiencias sensoriales vividas por el niño, en tanto que la estructura superficial es aquella que permite traducir en palabras concretas la experiencia sensorial. Para mejorar estas dos facetas del lenguaje se recomienda que el niño aprenda a establecer relaciones entre las distintas experiencias, objetos y situaciones. Es la mejor forma de llevar al niño al grado de autoconciencia necesario entre ambas estructuras.

Un aspecto relevante del lenguaje interior es lo que se denomina "lenguaje de gestión". Es decir, ante una determinada tarea hay que proporcionar al niño un vocabulario amplio relativo a la resolución de problemas. Esto es fundamental para desarrollar los procesos de aprendizaje. Debe aprender a autointerrogarse y a darse autoinstrucciones. Con estos procedimientos no solo aumentamos su flexibilidad cognitiva, sino también su capacidad de autocontrol.

¿Qué podemos hacer?

- Exponerlo a situaciones de aprendizaje en donde tenga que decidirse por varias soluciones posibles.

- Enriquecer su vocabulario para la gestión a través de sus usos en la relación entre objetos, situaciones, acontecimientos, etc.

- Enseñarle a que incremente su habilidad para establecer las relaciones de similitud entre objetos y situaciones.

- La flexibilidad cognitiva está unidad a la sensorialidad, por ello es importante enseñarle a adquirir distintas visiones en función de los sentidos que utilizamos.

- Desarrollo de la capacidad para el establecimiento de relaciones significativas.

- Sé su ejemplo, muéstrale que un mismo problema puede tener diferentes formas de resolverse.

- Entrena también tu cerebro, o mejor aún, hacedlo juntos. Por ejemplo, ¿por qué no probar a lavarnos los dientes con la otra mano? (utilizando la derecha si eres zurdo o al revés) ¿Por qué no buscamos juntos un camino diferente para volver a casa de la escuela?

Autocontrol: inhibición de respuesta automática

En los años 60, el profesor Mischel de la Universidad de Stanford en Estados Unidos, desarrolló un experimento[3] que revolucionó la visión que se tenía de los factores que predecían que una persona pudiera lograr el éxito, tanto académico como emocional y social.

Tomó un grupo de niños de 4 años, les entregó a cada uno un *marshmallow* (en español, malvavisco, *golosina dulce*) y les hizo la siguiente propuesta: si eran capaces de esperar 15 minutos sin comerse la golosina, les daría otra. Si no eran capaces de esperar y se la comían, no recibirían una segunda

---

[3]http://psycnet.apa.org/journals/psp/21/2/204/

como recompensa. Se quiso comprobar qué niños eran capaces de retrasar sus deseos y quiénes eran más impulsivos. La estadística dice que **dos de cada tres niños no logran resistir la tentación** y se comen el malvavisco, sólo un tercio de ellos espera para recibir el otro. Lo interesante de este experimento es que no terminó aquí. Pasados unos años, cuando estos mismos niños estaban en la universidad o comenzando su vida laboral, los científicos contactaron con ellos de nuevo y descubrieron que aquellos que habían esperado para obtener otro *marshmallow* eran los más exitosos, obtenían mejores resultados académicos, o habían conseguido mejores empleos. Los dos tercios que habían sido incapaces de esperar eran los más insatisfechos con su vida. Tenían, por lo general, menos éxito personal y profesional.

Este hallazgo es lo que se ha llamado el **Principio del Éxito**, que dice que **las personas que tienen la habilidad para aplazar la gratificación son los más propensos a tener éxito**: la disciplina personal de quien construye al largo plazo y prefiere una gratificación final, más importante, frente a una recompensa en el corto plazo, inmediata.

CAPÍTULO 13

La importancia de la motivación

> *"La motivación es la gasolina del cerebro"*
>
> *-Anónimo*

Si has llegado hasta este punto del libro, sabrás que para aprender es fundamental la implicación de las emociones en los niños, que es imprescindible despertar su curiosidad y dejar que actúen. En el capítulo anterior hemos visto que el sistema educativo actual continúa anclado en la era industrial, en la repetición y en el desarrollo de habilidades meramente intelectuales y memorísticas. ¿En qué desemboca todo esto? En un alto grado de fracaso escolar y un bajo rendimiento por parte del alumnado, causado en muchos casos por una falta total de motivación por el aprendizaje.

Neurobiología de la motivación

Etimológicamente, la palabra motivación significa *"motivo para la acción"*, y a nivel cerebral se refleja en la percepción de un estímulo que es interpretado por nuestro cerebro como algo de interés para nuestra supervivencia.

Todos sabemos que la memoria es la base del aprendizaje y si has leído los capítulos anteriores de este libro, también sabrás que sin atención no hay memorización. Pero, ¿cómo mantener la atención focalizada en un tema cuando estamos continuamente "bombardeados" por millones de estímulos tanto desde nuestro entorno como desde nuestro mundo interior? Aquí es donde entra en juego la motivación.

La **motivación** desempeña un papel imprescindible en los otros dos elementos esenciales del aprendizaje: **atención y memoria**. Durante el proceso cerebral de lo que llamamos motivación o circuito motivacional, generamos dopamina, un neurotransmisor clave para mantener el foco de atención durante el tiempo necesario para fijar los aprendizajes y conocimientos en nuestra memoria a largo plazo. Por lo que *cuando estás motivado, la dopamina será la encargada de que puedas mantener tu atención*: ¿Cuántas horas puede permanecer concentrado un adolescente jugando a un videojuego o practicando su afición favorita?

> *Recuerda: Para que exista el aprendizaje hacen falta tres elementos: Atención, memoria y motivación. Sin éste último, es muy difícil que existan los dos primeros.*

Sin embargo, es curioso que en la escuela y en la mayoría de los programas de estudio tradicionales no se le dé la importancia que debe tener: A día de hoy todavía es posible escuchar frases como *"la letra con sangre entra"*. Aún podemos encontrarnos defensores del sistema educativo tradicional, que utilizan únicamente la repetición y el esfuerzo como factores de potenciación del aprendizaje, dejando a un lado un factor muchísimo más potente para el aprendizaje como es la motivación.

> **Recuerda:** *La motivación no es la responsable de captar nuestra atención, sino de mantenerla sostenida en el tiempo.*

¿Qué hacer si no está motivado?

Motivar a estudiar a los niños no es una tarea sencilla para padres ni educadores, dado el sistema educativo que nos rige. Sin embargo, cada vez es más frecuente ver comunidades de escuelas y maestros que se salen del marco establecido y que consiguen que los niños acudan a la escuela con entusiasmo por aprender y adquirir nuevos conocimientos. Por eso, es fundamental conocer el proyecto educativo del centro al que acuden nuestros hijos, saber la forma en la que les enseñan, los valores que promueven y mantener un contacto continuo con el mismo.

Además de esto, hay ciertas pautas de actuación a la hora de reforzar el estudio en casa, que te ayudarán a elevar el interés de tu hijo y a recuperar su entusiasmo por aprender, aquella curiosidad que todos tuvimos de niños. Aquí las tienes:

1.- Habla con él.

Lo primero es descartar que la causa de la falta de motivación es consecuencia de algún aspecto emocional que necesite una solución específica: un conflicto familiar, una pérdida, una separación, un problema de integración en la escuela, etc.

2.- Fomenta la pasión por el aprendizaje.

Tú eres su mejor ejemplo, por lo que nada mejor que verte a ti interesado por adquirir nuevos conocimientos, mostrando interés por sus trabajos, ofreciéndole nueva información, visitando con él una biblioteca, una librería, museos, o navegando por internet buscando información. Cada vez hay formas más dinámicas de acercarse a la cultura, sin olvidar nunca el maravilloso hábito de la lectura.

3.- Organiza su rincón de estudio.

Podéis redecorar juntos su escritorio retirando aquello que no necesite. Intenta que sea una zona despejada, luminosa y sin muchas distracciones. Mantener el orden y la limpieza facilitará la concentración y le ayudará a rendir más en el estudio.

4.- Marca un hábito de estudio, establece tiempos y elabora una rutina.

Lo ideal es comenzar después de la merienda, así tendrá energía suficiente para elaborar las tareas. Después, échale una mano a organizar sus deberes y motívale para comenzar. Podéis elaborar juntos una lista de las tareas que debe hacer, clasificándolas por importancia y dificultad y tiempo requerido. Son importantes las palabras de aliento que le ayuden a llevar la tarea a cabo.

5.- Ayúdale a descomponer una tarea en pequeños pasos fáciles de realizar.

Es una forma muy útil de motivarse. Así se animará a continuar con cada meta conseguida. Los niños con bajo rendimiento tienden a agobiarse y desmotivarse rápidamente frente a una actividad que consideren muy amplia, aplazándola continuamente e incluso no realizándola.

6.- Valora su progreso personal, por encima de la nota final.

Lo importante es que se supere y que mantenga la motivación por el aprendizaje. La mejor recompensa al esfuerzo es el reconocimiento. Una sonrisa de mamá, un abrazo y un elogio, saben mejor que cualquier regalo. Y lo más importante: que disfrute de la sensación de satisfacción obtenida de la superación y el trabajo bien hecho.

7.- Enséñale a tolerar la frustración y el fracaso cuando se equivoque.

Muchos niños no toleran cometer un error. En estos casos es importante estar con él, tranquilizándole y ayudándole para que lo vea como una oportunidad para mejorar, tomando conciencia de la causa, creando y planificando posibles soluciones que le puedan ayudar a evitarlo en el futuro.

8.- Encuentra (o apoya) su estilo de aprendizaje.

Cada individuo, independientemente de su edad, aprende de diferente manera. Todos tenemos distintas tendencias y preferencias para realizar el acto de recopilar y procesar información para transformarla en conocimiento. Encontrar su estilo de aprendizaje le facilitará mucho su vida escolar.

9.- Mantén el contacto con su profesor tutor.

La comunicación con sus maestros es fundamental. Es importantísimo conocer su actitud en el centro, su interés por las diferentes materias, y por supuesto, sus relaciones con los compañeros y demás profesores. Su tutor seguro que también puede darte buenos consejos que ayuden a mejorar su rendimiento.

Motivación y emoción

Seguro que a estas alturas también sabes que sin emoción no hay aprendizaje. Partiendo de esta premisa, es posible que te preguntes si las emociones condicionan a la motivación, o si existen emociones que motiven.

La psicología ha estudiado profundamente la relación motivación y la emoción a lo largo de los años y ha comprobado que existe alta relación entre ellas. Actualmente ya conocemos la importancia del pensamiento en la emoción, por lo que resulta muy productivo estudiar cómo influye la emoción en la motivación.

Unos de los autores que más ha estudiado la relación entre motivación y emoción es John Marshall Reeve. Como él, existen otros como Ross Buck o Tomkins e Izard que concluyeron que las emociones son un motivo que energiza y dirige la conducta hacia algo específico.

En definitiva, se ha comprobado que la motivación y la emoción están muy relacionadas e influyen entre sí, por lo que si quieres mantenerte motivado, recuerda estos consejos:

- Intenta pensar siempre en positivo. Todas las experiencias nos ayudan a crecer y nos enseñan algo, por muy malas que puedan parecer en un principio.

- No permitas que los pensamientos negativos te dominen. Busca tu palabra "clave" para resetear tus pensamientos. Puede ser "stop" o cualquier otra. Lo importante es que te des cuenta de tus pensamientos negativos y cambies el chip.

- No te angusties cuando veas que las cosas no salen como esperas. Respira hondo y vuelve a intentarlo pasado un tiempo, cuando tu emoción no sea negativa.

Poner en práctica estos sencillos ejercicios también será clave para la educación de tu hijo. Nunca me cansaré de repetir que somos su ejemplo. Si tú tienes una actitud motivadora y optimista ante la vida, será mucho más fácil que tu pequeño la adquiera.

CAPÍTULO 14

Cómo mejorar la concentración

> *"La concentración es la raíz de todas las capacidades del hombre"*
>
> *-Bruce Lee*

Como hemos visto, cada vez los niños reciben más y más estímulos y estos cada día son más llamativos, más rápidos y requieren de menor implicación activa por parte de los pequeños.

Los niños tienen una curiosidad innata que les ayuda a descubrir y conocer el mundo que les rodea. Los pequeños tocan los objetos, los manipulan, se los meten en la boca, los tiran al suelo, prueban sus texturas... Poco a poco, sobre todo en los últimos años, debido a los avances tecnológicos -que también tienen sus cosas buenas-, esa curiosidad innata se ha ido apagando, siendo sustituida por estímulos externos que no necesitan nada más que la mirada fija del niño. ¿Qué pasa cuando las pantallas, los juguetes interactivos y demás objetos tecnológicos se apagan? Pues, desgraciadamente, que la mayoría de los niños se apalancan y se aburren. Es muy probable que pasado un periodo breve de tiempo, el pequeño entre en un estado de ansiedad y requiera de más estimulación externa.

Antes de hablar de cómo mejorar nuestra concentración y la de los más pequeños, deberemos comenzar por definirla. Originalmente, llamábamos *concentración a la capacidad de mantener la atención focalizada* sobre un objeto o sobre la tarea que se esté realizando.

Sin embargo, en el siglo XXI casi todos estamos acostumbrados a realizar varias tareas a la vez y conseguimos desempeñarlas con éxito. Preparamos la comida al mismo tiempo que mantenemos una conversación con el manos libres de nuestro teléfono, o conducimos al trabajo mientras preparamos mentalmente la reunión que tenemos después o repasamos una discusión anterior.

Los científicos llaman a esta habilidad *multitask* y gracias, sobre todo, a la tecnología, ya forma parte de nuestro día a día. Hemos aprendido a dividir las tareas en pequeños segmentos de información que antes requerían la atención de todo el cuerpo y la mente. ¿Recuerdas cuando aprendías a conducir? Necesitabas una concentración absoluta, ¿verdad? Sin embargo, ahora has aprendido a realizarlo casi de manera automática, sin necesidad de concentrarte en los movimientos que realizas o en las señales que ves. Esta cualidad la vamos aprendiendo desde que somos pequeños. Es importante recalcar que se trata de una función útil en nuestra vida, que forma parte de nuestra evolución.

A nivel neurobiológico, me entristece decirte que, a día de hoy, todavía no se conoce el diseño cerebral de la multitarea.

Hemos aprendido antes el desarrollo intuitivo de diversas tareas, que los secretos que entraña su ejecución.

Veamos ahora técnicas que nos ayuden a desarrollar nuestra concentración. A focalizar nuestra atención en un único elemento, ignorando los demás.

¿Cómo mejorar la capacidad de concentración?

Tanto si realizas una única tarea, como si son varias, hay un recurso avalado por la ciencia que te ayudará a mantener tu concentración. ¿Adivinas de cuál se trata? No sé si te lo imaginarás, pero hablamos de la *meditación: profundizar en el corazón de las cosas, dejar que la mente no piense en nada y aislarse del resto del mundo.*

¿En qué piensa un gran pintor mientras desliza el pincel? Probablemente su mente esté en blanco y para él, en ese momento, no exista nada más allá de los colores, el tacto del pincel sobre el lienzo y los trazos que con él dibuje. Eso, es meditación. VIVIR el presente, sin ningún pensamiento que nos lleve a otro momento o a otro lugar que no sean el aquí y el ahora.

Para comenzar a meditar, ya conoces el Juego del Silencio, que ayudará tanto a pequeños como a grandes a iniciarse en en el mundo de la relajación y en el *estar presente*. Ahora, además, quiero mostrarte cómo realizar una sesión completa de relajación con tu pequeño. Es muy posible que al principio le cueste terminarla, no te preocupes. Lo importante es que disfrute de ese momento. Si lo hace, será muy sencillo ampliar la duración de los ejercicios poco a poco. *En la constancia está la clave*. Si realiza estos ejercicios cada día, mejorará su concentración, a pesar de vivir en un mundo que cada día está más diversificado. Es muy improbable que todos los científicos que defienden los beneficios de la meditación para la mente y el bienestar personal estén equivocados.

Sesión de relajación

Pautas a seguir:

- *El lugar*: Escogeremos una habitación tranquila, previamente ventilada, con una temperatura confortable y una luz tenue. También podéis acompañar la sesión con una música suave y/o algún aroma relajante como el incienso. El niño llevará ropa cómoda, preferiblemente sin calzado.

- *La posición*: Lo mejor es que pueda permanecer tumbado boca arriba para realizar la sesión (podemos colocar un par de toallas grandes -una sobre otra- sobre el suelo), con brazos y piernas estiradas, palmas hacia arriba y espalda recta. Si no puede ser, también puede colocarse sentado cómodamente en una silla, con los pies apoyados en el suelo, la espalda muy recta y las manos sobre tus rodillas.

Desarrollo de la actividad:

Transcribo un pequeño "guión" para que lo puedas leer al comienzo de la relajación, a título orientativo, para que te sea más fácil introducirte en la actividad, pero con intención de que poco a poco te sientas más cómodo con este tipo de ejercicios y vayas prolongando la duración de los mismos y, en consecuencia, el texto. Por supuesto, lo puedes modificar tanto como desees. Trata de mantener un tono de voz suave, susurrante, a lo largo de los ejercicios, durante toda la sesión.

Además de favorecer la concentración y la atención, cada actividad tiene un objetivo específico que te explico bajo el título. Independientemente del objetivo de la sesión, casi siempre recomiendo comenzar las relajaciones con un ejercicio de respiración y, en el caso de los niños (sobre todo si son pequeños) incluir algún ejercicio de visualización creativa. Todos los niños son creativos en alguna o muchas áreas de su vida y potenciar esta faceta siempre es positivo. Para ellos resultará una actividad más llamativa y nosotros estaremos ayudándoles a desarrollar una parte importante de sí mismos.

1. Respiración consciente.

Objetivo: Tomar conciencia de la propia respiración.

Respira tranquilamente. Observa cómo es tu respiración: agitada o serena, corta o profunda, regular o irregular… Cierra los ojos y concéntrate en el recorrido del aire en tu interior: cómo entra y cómo lo expulsas. Ve haciendo que tu respiración sea cada vez más profunda. Respira tres veces llenando de aire el abdomen y el pecho. Expulsa el aire cada vez, muy despacio. Por último, abre los ojos y mueve los hombros de arriba abajo.

2. Sonidos de fuera, sonidos de dentro.

Objetivo: Ejercitar la percepción.

Cierra los ojos y concéntrate en todos los sonidos y ruidos que llegan de fuera: unos pasos, una puerta que se cierra, el ladrido de un perro a lo lejos... Poco a poco, empieza a prestar atención a los sonidos de dentro... quizás escuches un zumbido grave... o un pitido agudo... o quizás oigas el latido de tu corazón... Lentamente, vuelve a escuchar los sonidos de fuera. Abre los ojos, al mismo tiempo que estiras los brazos hacia delante.

3. El muñeco de hierro.

Objetivo: Destensar la musculatura y relajar el cuerpo y la mente.

Cierra los ojos y haz tres respiraciones abdominales profundas. Empieza a respirar más lentamente y concéntrate en los músculos de tu cuerpo: Los pies, las piernas, la espalda, tu abdomen, los brazos, las manos y para terminar, el cuello y la musculatura de tu cara. Recórrela mentalmente tu cuerpo de abajo arriba. Imagina que tiene la dureza y rectitud de una figura de hierro. Imagina que, de pronto, el sol aparece y ese hierro comienza a fundirse, a derretirse poco a poco... y se hiciera cada vez más blando. Continúa relajándote, respira cada vez más despacio mientras tus músculos descargan toda su tensión. Después, lentamente, mueve los hombros hacia atrás y abre los ojos.

4. Luz interior.

Objetivo: Relajar la mente.

Con los ojos cerrados, respira tranquilamente. Ve haciendo que tu respiración sea cada vez más profunda. Respira tres veces llenando de aire el abdomen y el pecho. Expulsa el aire cada vez, muy despacio. Imagina que sobre tu cabeza aparece una pequeña lucecita, cálida, protectora. Puede ser del color que tu quieras, con la forma que desees: Un círculo, una estrella, una luna, un triángulo... o lo que a ti te guste más. Esa luz, poco a poco empieza a emitir rayos muy brillantes, que iluminan tu cuerpo y entran poco a poco en ti, de arriba a abajo y te van dejando una sensación de calma y bienestar. Cuando lo creas oportuno, abre los ojos.

5. Un paseo por el cielo.

Objetivo: Fortalecer lazo afectivo.

Esta relajación es muy emotiva y favorece el sentimiento de unión, de pertenencia a un grupo o familia. En este caso no transcribo el "guión literal", sino una simple pauta, para que cada uno la modifique como desee. Al "volar" podemos dirigir qué queremos ver, y en esto es mejor que cada uno lleve este camino hacia donde desee, siempre que le transporte a momentos felices, por supuesto. La primera parte del ejercicio, puedes hacerla tan larga como desees, centrando la atención en grandes partes del cuerpo (cabeza, tronco y extremidades), o bien prestando atención también a las pequeñas (dedos de las manos y de los pies, orejas, ojos, boca...). También podéis prestar más atención a aquellas partes que creáis que el niño debe relajar más. Esto lo dejo a vuestro gusto.

Le pedimos que centre su atención en su cuerpo relajado: los brazos, las piernas, la cabeza... dejando para el final la columna vertebral. A partir de ahí se le sugiere la imagen de la columna como una escalera que permite subir a las habitaciones más altas de su cuerpo. También, por un pasadizo secreto, se puede seguir subiendo, mucho más arriba, mucho más arriba, hasta llegar al cielo. Allí puede volar, recorrer caminos entre las nubes y mirar con otra perspectiva las cosas. Desde allí puede ver su casa, verse a él mismo, relajado, y a su mamá o papá (o ambos) compartiendo ese momento con él.

En este instante puedes pedirle que respire profundamente y contemple la imagen. Es un buen momento para preguntarle cómo se siente respecto a lo que ve y que lo comparta contigo. Con esto, podemos dar por finalizados los ejercicios prácticos. Para finalizar la sesión sería muy recomendable emplear unos minutos en el diálogo, para que el niño exprese qué le ha parecido la experiencia y cómo se ha sentido. Tras una relajación tanto niños como adultos nos sentimos más conectados con nuestras emociones, preocupaciones, sueños e inquietudes. Es un buen momento para conversar, en esa atmósfera relajada y, como indicamos, favorecer nuestros lazos afectivos.

El beneficioso hábito de la lectura

Otro de los temas que preocupa a los padres respecto a la concentración en sus hijos es la incapacidad de mantener la atención a la hora de leer o estudiar. El miedo a los libros es una tendencia que se asocia con la inquietud y distracción voluntaria que provocan los libros, apuntes o cualquier otro material que esté relacionado con el estudio. Eso se traduce en que, ante la idea de sentarse a estudiar o leer, el niño pierda el tiempo, se distraiga con cualquier cosa o en que ni siquiera se siente a estudiar.

Es esencial inculcar el placer por la lectura desde pequeños. A estas alturas, ya te imaginarás que la mejor forma de hacerlo es siendo tú un buen lector (si has llegado hasta este capítulo del libro, probablemente lo seas). No hay nada más efectivo que enseñar algo a los niños a través de nuestro ejemplo. Además de esto, aquí tienes algunas recomendaciones a mayores para lograr que tu hijo adquiera este recomendadísimo hábito:

- Habilita (si no lo tienes todavía), un rincón de lectura en casa, y coloca un pequeño asiento con cuentos a su alcance, para que tu pequeño te acompañe durante los ratos de lectura.

- Cuando te lleves un libro fuera de casa, añade también un cuento para él. Podéis leer en la playa, durante una tarde de picnic o durante el trayecto de un viaje en avión, tren o autobús.

- Visita bibliotecas y librerías en vuestro tiempo libre. Además, cada vez es más sencillo encontrar actividades como cuentacuentos y representaciones teatrales. No pierdas la oportunidad de compartir esta experiencia con tu pequeño algún fin de semana.

- Y cómo no, "*El cuento de antes de dormir*": una tradición que no debe perderse. Un momento mágico de intimidad y tranquilidad con nuestro pequeño, en el que podemos leer o inventar una historia juntos y dejar volar la imaginación creando vuestro propio cuento.

Si tu hijo ya se acerca a la pubertad o a la adolescencia, trata de comenzar por lecturas amenas que llamen su atención: comics, libros con muchas imágenes de algún tema que le guste o que incluya algún personaje que sea de su agrado... También hay cuentos que traen CD's o son más interactivos: no los recomiendo como primera opción, pero sí en casos más extremos en los que los niños presenten un rechazo persistente a cualquier tipo de lectura.

CAPÍTULO 15

Cómo mejorar la memoria

"Todo lo que hacemos, lo hacemos desde la memoria".

-Jose Antonio Marina

Quizás no lo parezca a primera vista, pero el tema que tratamos a continuación, es de gran complejidad. La memoria tiene mucha más importancia de lo que parece en nuestras vidas. **Siempre que hablamos de aprendizaje, estamos hablando de memoria.** Una vez que adquirimos una información nueva, ella es la encargada de conservarla y usarla cuando sea necesario, por lo que resulta tremendamente complicado hablar de la memoria como un término aislado en nuestro cerebro. Como indica Joaquín Fuster en su libro "Memory in the Cerebral Cortex":

"La memoria es una propiedad funcional, entre todas, de todas y cada una de las áreas del córtex cerebral. Por eso, como el córtex está implicado en todas nuestras representaciones del mundo y en nuestras conductas, la memoria forma parte de todas nuestras operaciones."

El desarrollo de la memoria infantil

Es probable que el recuerdo más antiguo que tenga una persona adulta sea de algo que ocurrió cuando tenía al menos tres años de edad. Otras no recuerdan nada anterior a los siete u ocho años. En la primera infancia, los niños no tratan de memorizar a propósito, pero recuerdan sucesos que les causaron una impresión particular.

Durante los primeros años de vida, los niños muestran un desarrollo significativo de su memoria. Tanto en ellos como en los adultos, existe una *diferencia entre el reconocimiento y el recuerdo*. El reconocimiento es la capacidad para identificar algo ya conocido y que vuelve a verse (por ejemplo, poder distinguir entre un grupo de imágenes cuál se había visto antes). El recuerdo es la capacidad para evocar el conocimiento de algo que está en la memoria. A cualquier edad resulta más fácil reconocer que recordar.

Cuanto más familiarizados estén los niños con los objetos, mejor pueden recordarlos. También pueden recordar mejor el material cuando los objetos parecen tener una relación entre sí. Por ejemplo, una mesa y una silla.

Como hemos visto anteriormente, los niños recuerdan mejor cuando están motivados para dominar destrezas en general. La motivación hacia la destreza hace referencia a la tendencia de un niño a ser independiente, utilizar estrategias para resolver problemas y tratar de realizar tareas difíciles. La memoria tiene una gran influencia en la creación de la imagen mental del "yo" que crea un bebé. Desde el momento en el que, por ejemplo, un perro deja de ser "un simple perro" y pasa a ser "el perro con el que jugué ayer en el parque", el niño comienza a trazar los primeros bocetos de su identidad.

Existen varios factores que influyen de forma significativa en el desarrollo de la memoria. Antes de ver las pautas específicas para favorecer su desarrollo, es importante que los tengas en cuenta, ya que son la base de la cual deberemos partir para trabajar.

Factores que influyen en el desarrollo de la memoria:

1. Lenguaje

El desarrollo del lenguaje es necesario para poder retener y recuperar recuerdos duraderos. Cuando los niños pueden expresar sus recuerdos con palabras, es cuando pueden retenerlos en la mente.

2. Interacción social

En un experimento (Nelson, 1989), diez niños de tres años visitaron un museo con sus madres. La mitad de las mujeres habló de manera natural con sus hijos mientras estaban en el museo, y la otra mitad se limitó a responder a sus comentarios sin entablar conversación, tal y como les indicaron los investigadores. Una semana después, los investigadores entrevistaron por separado a las madres y a los niños y les hicieron 30 preguntas sobre los objetos que habían visto en el museo. Los niños recordaron solo aquellos objetos sobre los que habían hablado con sus madres, y los del grupo de conversación natural recordaron mejor.

La forma de hablar de las madres de este estudio también influyó en el recuerdo de sus hijos. Algunas de ellas usaron un estilo narrativo, que recurría a experiencias compartidas con sus hijos, como: "¿Recuerdas cuando estuvimos visitando a tu abuela en verano?"; y otras adoptaron un estilo práctico, utilizando la memoria para un propósito específico, como: "*¿Dónde va esta pieza del rompecabezas? Ayer lo hicimos juntos, ¿recuerdas?*".

Los niños de las madres que usaron un estilo narrativo recordaron más cosas (un promedio de 13 respuestas correctas), mientras que los hijos de madres con un estilo práctico obtuvieron sólo un promedio más bajo (menos de 5 respuestas correctas).

Los niños recuerdan también más detalles cuando sus padres o madres utilizan un estilo en el que estructuran una conversación añadiendo más información y refiriéndose a un nuevo aspecto del suceso que comentan.

3. Actividades inusuales

Los niños de tres años recuerdan con más claridad hechos excepcionales y nuevos. A los tres años pueden recordar estos sucesos hasta por un año o más.

4. Participación

Los niños de preescolar tienden a recordar mejor los objetos que ellos mismos han usado para hacer algo.

Pautas para mejorar la memoria

Evidentemente hay cosas que nuestra memoria retiene sin tratar de hacerlo nosotros de forma voluntaria. Captamos información constantemente a través de nuestros cinco sentidos, y es un porcentaje muy pequeño el que retenemos por voluntad propia. En el proceso del estudio, en concreto, habría que tener en cuenta los temas anteriores de este curso: la atención y la concentración.

Ahora que sabes un poco más acerca del funcionamiento de la memoria, te será mucho más fácil entender cómo funciona el cerebro de tu hijo y detectar sus necesidades a la hora de incorporar nuevos aprendizajes. Como en cualquier otro campo de enseñanza, tendremos que tener en cuenta los gustos personales de cada niño, sus emociones, y plantear cada actividad como una oportunidad de divertirnos juntos. De esta forma, seguro que obtendremos mejores resultados.

A los tres años, la memoria de un niño es muy buena identificando seres y objetos que son conocidos para él (perro, casa, zapato). Comienza a dar sus primeros pasos en el campo de la reproducción o el recuerdo utilizando para ello diversas estrategias para memorizar, como repetir, narrar o señalar lo que han de recordar.

La memoria autobiográfica (recuerdos de la propia existencia) es la que se desarrolla más pronto, entre los 2 y los 4 años, los niños son capaces de describir sus recuerdos. Este tipo de recuerdos constituirán la base que necesita el niño para poder generar nuevos conocimientos. Veamos qué podemos hacer para favorecer el desarrollo de su memoria:

- Comienza con retahílas sencillas.

Desde "Los 5 lobitos" al "sana, sana". La mayoría de retahílas tienen una rima muy fácil de recordar. También puedes hacer uso de refranes populares, adivinanzas o trabalenguas.

- Cuéntale un cuento, y después hazle algunas preguntas sobre él.

Al principio, cuestiones sencillas: "¿Con quién se encontró Caperucita Roja en el bosque?". Poco a poco, aumenta el nivel de dificultad.

- Juegos de memoria.

Muéstrale varios objetos, después cúbrelos con una manta y quita uno. Deberá adivinar de cuál se trata. Hay juegos clásicos como el de *"Buscar las parejas"*, así como otros, como *"Simon dice"*, donde debemos repetir una secuencia de colores mostrada con anterioridad.

- Utiliza la tecnología.

Hoy en día existen multitud de webs con juegos de memoria visual y auditiva, como ésta con personajes de Disney[4]. En la red encontrarás un montón de recursos gratuitos que pueden servirte para este fin. También existen muchas aplicaciones para tabletas o *smartphones* muy útiles.

- Puzzles.

Tratar de resolver un rompecabezas después de ver una imagen, es un excelente ejercicio de atención y memoria,

---

[4] *www.minijuegosdisney.com/juego/tag/juegos-de-memoria*

además de trabajar también la motricidad fina y la coordinación óculo-manual.

- Realiza peticiones cada vez más largas.

Este método es muy sencillo de incorporar a nuestra rutina. En nuestro día a día realizamos un montón de peticiones a nuestros niños y éstas pueden sernos de gran ayuda para desarrollar su memoria. Me explico: si quieres que tu hijo coja un par de calcetines del cajón, podrías hacer algo así como:

- Para comenzar, un nivel sencillo: *"Coge un par de calcetines"*.

- Después alargamos la secuencia: *"Coge un par de calcetines del segundo cajón"*.

- Continuamos subiendo el nivel de dificultad: *"Coge un par de calcetines rojos, del segundo cajón, después de ponerte el pijama"*.

- etc.

Como ves, es una pauta sencilla, pero no por ello menos efectiva.

- La música.

Sus beneficios son innumerables, en este caso resaltaré el avance lingüístico y memorístico. Recordar su melodía, así como la letra de sus canciones preferidas, será una actividad divertida, a la par que educativa.

- No olvides su memoria autobiográfica.

Pregúntale sobre momentos pasados, las vacaciones, otros cumpleaños o fiestas importantes. Y lo más importante: qué tal le ha ido el día. Esto es mucho más que un ejercicio de memoria, te ayudará a conocer más sobre qué piensa y qué siente tu hijo.

- Asegúrate de que duerme lo suficiente.

Dormir es una necesidad fisiológica que tiene una doble misión, descansar el cuerpo y organizar el cerebro. Esa organización permite que los conocimientos adquiridos durante el día se asienten y ordenen, pasando a formar parte de la memoria a medio o largo plazo.

CAPÍTULO 16

Cómo gestionar las rabietas infantiles

"Un momento de paciencia en un momento de rabia te salva de cientos de momentos de arrepentimiento".

-Anónimo

Las rabietas, como su propio nombre indica, son una forma de manifestar la rabia o la frustración, habitualmente en los niños, siendo algo frecuente en la edad comprendida entre los 2 y los 5 años.

Me gustaría comenzar este capítulo transmitiéndote un mensaje de tranquilidad. Las rabietas son simple y llanamente la manifestación del enfado en los más pequeños: gritan, lloran, patalean y dan manotazos porque no tienen una forma más civilizada de gestionar lo que les pasa y necesitan expresar sus emociones. Los adultos también nos frustramos en muchas ocasiones. La diferencia está en que nosotros tenemos otras herramientas para gestionarlo como llamar a un amigo, hacer yoga, ir al gimnasio o "maldecir para nuestros adentros".

Lo primero que debes tener en cuenta es que *no hay emociones negativas, sino formas negativas de exteriorizarlas*. Y de la misma forma que les damos herramientas para manejarse en cualquier otra situación de la vida, como enseñarles a hablar, a caminar o a sumar y restar, también tenemos la obligación de mostrarles cómo identificar y gestionar sus emociones, entre las que se encuentran la ira y la rabia. Debemos mostrarles cómo hacerlo de una forma "más sofisticada", que no resulte dañina para los demás, ni para sí mismos.

Cada rabieta debe interpretarse como un mensaje de comunicación: *"¡Estoy enfadado y/o frustrado y sólo sé expresarlo así!"*. Antes de actuar pregúntate: *¿Cómo me gustaría que reaccionase mi ser más querido ante mi enfado?*

¿Cómo gestionarlas?

No te voy a engañar, no existe una fórmula mágica que consiga que una rabieta desaparezca de forma instantánea. No hay una palabra o un gesto que funcione en todos los casos, sin excepción.

Sí que existen ciertas pautas que te daré más adelante que te ayudarán a gestionarla de una forma sana, pero antes de eso, me parece muy importante decirte qué NO debes hacer en ningún caso ante una rabieta infantil.

Como hemos dicho anteriormente una rabieta es una forma de expresión, de comunicación. Si es ignorada, la comunicación ha fracasado. Si el niño al final se calma no significa que haya aprendido a gestionar la rabia, sino que ha llegado a la fase de resignación que trae de la mano consecuencias muy peligrosas como la ansiedad o la depresión (*indefensión aprendida*).

Al ignorar una rabieta estamos transmitiendo un mensaje al niño: *"No expreses tus emociones, no me gusta"*. Lo mismo sucede si le regañamos, le avergonzamos, le ridiculizamos, le amenazamos o le hacemos chantaje emocional. Todos esos modos de actuar dañan psicológicamente al niño, le hacen sentirse culpable por sentir, le hacen crear el pánico al conflicto. Una emoción que no se expresa no desaparece, se acumula, se magnifica y luego sale por otro lugar, seguramente en forma de patología.

> ***Recuerda****: Evita cualquier tipo de actuación que tenga como consecuencia que el niño reprima sus emociones. Ten presente que los niños no pretenden manipular ni están haciendo ninguna lucha de poder.*

¿Cómo actuar ante las rabietas?

Lo primero que debemos tener presente es el respeto al niño como individuo. Los adultos tenemos derecho a enfadarnos, y los pequeños también.

Por eso, cuando me preguntan qué hacer ante una rabieta, lo primero que se me viene a la cabeza es decir: ***Actúa exactamente como te gustaría que te tratasen a ti cuando estás enfadado y se lo expresas a tu persona emocionalmente más cercana.*** Aquí tienes algunas ideas:

1.- Acompáñale:

Algo tan sencillo como verbalizar lo que él siente: *"Estás enfadado"*. Ponerse a su altura mirándole a los ojos y ofrecerle nuestra cercanía y nuestro abrazo si lo desea. Si no lo acepta, decirle que cuando quiera estamos ahí, cerca y disponibles. Que les queremos. Esto no quiere decir que la rabieta cese, aunque por lo general al menos se atenúa, pero el objetivo no es ese, no queremos evitarla, queremos que nuestro pequeño se desarrolle emocionalmente sano.

2. -No pierdas la calma.

Mantener la calma durante los berrinches es fundamental para no empeorar la situación con tu propia frustración, ya que puedes complicar aún más el estado de las cosas y probablemente tengas que hacer frente a una rabieta mucho mayor.

Si la situación te supera intenta alejarte un momento (si estáis en un lugar público, siempre manteniendo al pequeño en tu campo de visión), respira hondo y cuenta hasta 10 pausadamente. Sé que suena a tópico, pero te aseguro que bajará tu nivel de enfado. Como decíamos al inicio de este capítulo: *"Un momento de paciencia, en un momento de rabia, te salva de cientos de momentos de arrepentimiento".*

3.- Empatiza.

Recuerda que tu hijo no es malo, no te chantajea, y que él también sufre cuando tiene una rabieta. Que esta etapa forma parte de su crecimiento y que llegará un día en que pasará. Así que, si tu pequeño se encuentra en un momento de frustración y enfado, ayúdale a gestionar esas emociones. Como hemos visto, es fundamental recordar que los niños también son personas y que tenemos que respetarlos y tenerlos en cuenta como tal. Ponte en su lugar: "¿Cómo me gustaría que me tratasen a mí si me siento así de mal?"

4.- Sé su ejemplo. Sé coherente.

Las rabietas son una gran ocasión de aprendizaje para el niño y nosotros somos su principal modelo de imitación. Para conseguir que un niño reaccione de una forma determinada, primero será necesario mostrarle cómo hacerlo. Como suele decirse: "**No te preocupes si tu hijo no te escucha. Te observa constantemente**". Si tu niño de 2 años ha pegado o otro niño en el parque y está en pleno berrinche, podemos decirle de buenas maneras, que eso no se hace y pedirle perdón amablemente en su nombre a la madre y al niño. Aunque parezca increíble, le estás enseñando más así, que obligándole a decir "*perdón*" si no lo siente. Lo mismo ocurre con el eterno "*hay que compartir*". Todos los padres piden, casi exigen, a sus hijos que compartan. Sin embargo, no suele verse ese mismo ímpetu a la hora de hacerlo entre los adultos. Creo que éste es un ejemplo perfecto de que enseñamos más con lo que hacemos que con lo que decimos. ¿Tú dejas tu coche con facilidad a alguien que acabas de conocer? Entonces... ¿por qué forzamos a los niños a que ellos lo hagan y encima les tachamos de ser malos si se niegan?

5.- Sé flexible.

Rosa Jové nos invita a reflexionar sobre esta frase ante las rabietas de los niños: *¿En cinco años esto importará?*

Y es que en ciertas ocasiones somos los adultos los que nos ofuscamos con una cosa y comenzamos una absurda lucha de poder. Si lo que pide el niño no es peligroso y en cinco años no importará, ¿por qué no dejarle hacerlo? ¿Por qué no puede ponerse unos zapatos de charol con un chándal? ¿Por qué no podemos quedarnos 15 minutos más en el parque? ¿Qué pasa si no se baña un día? Por supuesto, cada familia tiene sus normas y su forma de comportarse, pero conviene recordar que, en esta etapa, *los niños están aprendiendo a tomar sus propias decisiones*, y que les dejemos hacerlo les da seguridad. Por tanto, un poco de flexibilidad ocasionalmente les viene bien tanto a ellos como a nosotros, que nos ahorraremos entrar en una discusión, quizás, innecesaria.

6.-Distracción.

La distracción juega un papel muy importante dada la forma en la que los niños sienten las emociones (puras, intensas y en el momento presente). Una vez que le ha quedado claro que sabemos lo que siente, que lo aceptamos, que estamos a su lado y le queremos, podemos distraerlo con un juego que le guste, o comenzando a cantar una canción con intención de que se una.

Hacer tonterías con los niños es maravilloso. Ver cómo sus ojos se iluminan, cómo entran en el juego, cómo aportan sus ideas, cómo se ríen… La imaginación es nuestra gran aliada para acompañar a nuestros pequeños.

7.- Paciencia y cariño.

Este punto casi podría resumir todos los anteriores. A continuación veremos dos herramientas muy prácticas para gestionar la rabia y la ira. Pero creo que todo lo que has leído hasta ahora puede resumirse en esto: los niños necesitan sentirse queridos y respetados. Por supuesto que es necesario inculcarles ciertos límites de comportamiento, pero si lo hacemos partiendo del ejemplo y del amor que les tenemos, nos será siempre mucho más fácil

CAPÍTULO 17

Los miedos en la infancia: Desarrollo y superación

"El miedo es natural en el prudente y saberlo vencer es ser valiente."

-Alonso de Ercilla Zúñiga

El miedo es una emoción primaria y aunque a primera vista, quizás no lo parezca, nos es de gran utilidad. Gracias a él reaccionamos ante situaciones reales de peligro, como apartarnos ante un coche que se acerca a gran velocidad, o asomarnos a un precipicio.

Todos los animales tienen miedo a aquellas cosas o seres que les pueden causar daño a nivel físico. Los seres humanos, además, reaccionamos también ante aquello que nos pueda dañar en el *plano emocional*.

Los responsables a nivel neurológico de nuestros temores se encuentran en la *amígdala*, que analiza el ambiente de forma continua en busca de estímulos que predigan el peligro. Por lo que sabemos hasta ahora, ante cualquier amenaza, la amígdala actuará como una especie de botón de emergencia de nuestro cerebro. Si nos acecha un peligro inminente, este núcleo activa una señal que reenvía inmediatamente al resto del cuerpo.

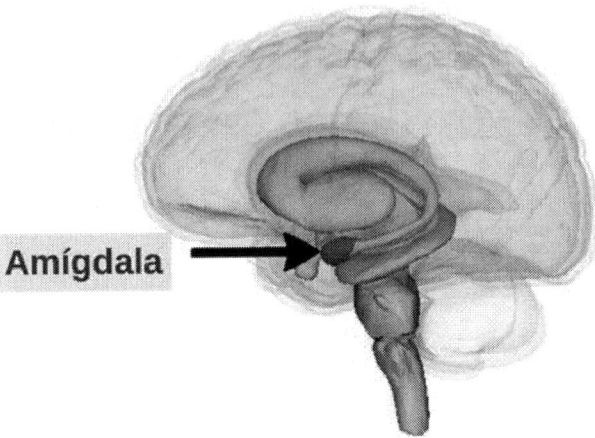

Los miedos no deben interpretarse como limitaciones, sino como situaciones que nos ofrecen la oportunidad de generar herramientas para afrontar ciertas situaciones que nos permiten superarnos a nosotros mismos, mejorar y resolver situaciones que, a priori, nos parecían imposibles de enfrentar.

Ya desde que nace, y sobre todo a medida que el niño se desarrolla a nivel cognitivo, es absolutamente normal que aparezcan en él los miedos, que estos evolucionen, desaparezcan y que después, surjan otros nuevos. Es parte de su crecimiento y debe interpretarse como una forma de mostrar al mundo que está madurando.

La mayoría de los niños los sufren antes o después y estos variarán según la etapa madurativa en la que se encuentren. A continuación hablaremos de los temores típicos de cada edad y si alguno de tus pequeños padece algún temor, podrás comprobar que es muy probable que éste forme parte de su crecimiento y que, con las pautas adecuadas, será una herramienta fantástica que le ayudará en su aprendizaje sobre la gestión de las emociones que reforzará su autoestima y la seguridad en sí mismo.

De todas formas, ante la más mínima duda, si ves que los miedos de tu hijo le impiden llevar una vida normal, son desproporcionados o le generan demasiada angustia, te recomiendo visitar a un especialista que te facilite pautas más específicas, orientadas a su caso en particular.

Desarrollo de los temores infantiles

1. Bebés (0-12 meses)

Según algunos autores, los bebés no comienzan a manifestar el sentimiento de miedo antes de, aproximadamente, los *seis meses de vida*. Es a partir de esa edad cuando empiezan a experimentar sus primeros miedos como el temor a las alturas, a los sonidos fuertes, a los extraños, y otros. Estos tipos de miedo se consideran programados genéticamente y de un alto valor adaptativo. De hecho, su presencia denota un cierto grado de madurez en el bebé. También es a partir de esta edad cuando surge la ansiedad de separación de la figura de apego.

2. A partir de los 12 meses hasta los 36 meses

Entre el año y los dos años y medio se intensifica el miedo a la *separación de los padres* a la que se le suma el temor hacia los extraños. Aunque lo habitual es vayan desapareciendo progresivamente a medida que el niño crece, en algunos casos el miedo a los extraños puede perdurar hasta la adolescencia y la edad adulta, tomando la forma de *timidez*.

Hacia el final de esta etapa pueden comenzar los primeros miedos relacionados con los animales y los ruidos fuertes, como pueden ser los de una tormenta.

3. Etapa preescolar (3-6 años)

Se inicia una evolución de los miedos infantiles. Se mantienen los de la etapa anterior (extraños, ruidos, etc.) pero van incrementándose los posibles estímulos potencialmente capaces de generar miedo. Ello va en paralelo al desarrollo cognitivo del niño. Ahora pueden entrar en escena los estímulos imaginarios: los monstruos, la oscuridad, los fantasmas, o algún personaje del cine. La mayoría de los miedos a los animales se desarrollan durante esta etapa y pueden perdurar hasta la edad adulta.

4. Niñez media (6-11 años)

El niño alcanza la capacidad de diferenciar las representaciones internas de la realidad objetiva. Los miedos serán ahora más realistas y específicos, desapareciendo los temores a seres imaginarios o del mundo fantástico.

Toman el relevo como temores más significativos el daño físico (accidentes), o los médicos (heridas, sangre, inyecciones).

Puede también presentarse, dependiendo de las circunstancias, temor hacia el fracaso escolar, a las críticas y otros miedos relacionados con sus iguales (miedo hacia algún compañero en especial que puede mostrarse amenazador o agresivo).

Asimismo, el temor a la separación o divorcio de los padres estaría ahora presente en aquellos casos en el que el niño perciba un ambiente hostil o inestable entre sus progenitores.

5. Preadolescencia

Se reducen significativamente los miedos a animales y a estímulos concretos para ir dando paso a preocupaciones derivadas de la crítica, el fracaso, el rechazo por parte de sus iguales (compañeros de clase), o a amenazas por parte de otros niños de su edad y que ahora son valoradas con mayor preocupación.

Pueden aparecer los miedos derivados del cambio de la propia imagen, que tienden a surgir al final de esta etapa.

6. Adolescencia

Se siguen manteniendo los temores de la etapa anterior pero surgen con mayor fuerza los relacionados con las relaciones interpersonales, el rendimiento personal, los logros académicos, deportivos, de reconocimiento por parte de los otros, etcétera.

Decaen los temores relacionados con el peligro, la muerte... La adolescencia es una etapa de "ruptura" con la barrera protectora familiar y la necesidad de búsqueda de la propia identidad. Es posible que el joven sienta la necesidad de probarse ante situaciones de riesgo potenciales, como medio de autoafirmarse ante sus iguales y demostrar que ha dejado atrás ciertas etapas infantiles.

¿Como afrontar los temores infantiles?

Cuando un niño manifiesta un temor específico es fundamental que se sienta aceptado por su entorno, *que pueda hablar de ello y que no se sienta juzgado, ridiculizado o menospreciado*. El favorecer un clima de confianza y seguridad donde el pequeño se sienta respaldado y pueda expresar lo que siente, será clave a la hora de ganar la batalla a sus miedos. Además de esto, *recuerda siempre que se trata de algo temporal que pasará con el tiempo*. Partiendo de esta base:

1- *Controla tu actitud*. Sonríe y no te alteres, trata de no mostrar (al menos delante de él) preocupación o angustia. Recordemos una vez más que somos su modelo. Los comportamientos que el niño observa de los padres son los patrones que interioriza. Padres excesivamente preocupados pueden ser un mal modelo y aumentar la tensión.

2- *No fuerces al niño a efectuar aquellas conductas que teme.*
    Hay que trazar un plan de forma que podamos crear
    aproximaciones sucesivas. Por ejemplo, si un niño que
    teme a la oscuridad, no podemos pretender que lo
    supere inmediatamente por mucho que se lo
    razonemos. Hay que crear una gradación de situaciones
    (pongamos por caso, diferentes habitaciones con
    distintos grados de iluminación hasta llegar a la
    oscuridad total), para que el niño vaya progresando.

3- *Conviértete en su aliado.* Por ejemplo, si le teme a los
    perros, ponte en cuclillas a su lado para observar juntos
    al animal. Al bajar a su altura le haces ver que no
    necesita ser rescatado, lo que le tranquilizará.

La Cajita Come-Miedos

El primer paso para superar un temor y para gestionar
cualquier emoción es siempre ponerle nombre y ser consciente
de cómo nos afecta. Cada niño es diferente, tiene una situación
única y por eso es necesario tratar a cada niño de forma
individual. Lo que siempre podemos hacer es darle apoyo,
confianza, seguridad en sí mismo y ayudarle a tomar conciencia
de sus temores y de sus posibilidades para superarlos.

Si tu hijo tiene algún temor específico te invito a realizar la
actividad de "*La Cajita Come-Miedos*" sobre la cual he escrito un
libro donde trato con profundidad el tema de los temores
infantiles y explico más pausadamente esta dinámica. Pero
hablando acerca del desarrollo del cerebro en la infancia no he
querido dejar aparcado este tema y por eso quiero compartir

contigo esta dinámica para ayudar a los pequeños a superar sus temores.

¡Crea tu propia Cajita Come-Miedos!

DESCUBRE CÓMO AHUYENTAR LOS TEMORES DE TUS NIÑOS

Material:

- Una caja de cartón.

- Acuarelas, ceras, pegatinas… Cualquier cosa que permita decorarla.

- Folios o cartulinas para colorear

- En este caso, hueveras de cartón, ojitos de plástico y pegamento.

Procedimiento:

Escogeremos una caja de cartón para convertirla en nuestra *"Cajita come-miedos"*. Si tiene tapa, perfecto, sino podremos realizar una pequeña ranura a modo de ˝buzón ˝, con unas tijeras o un cúter, para introducir nuestros miedos en ella. Es importante explicarle al niño para qué vamos a utilizar esta caja, en qué la vamos a transformar y acto seguido que dejemos volar su creatividad.

Una vez terminada la cajita, procederemos a darle unos folios o tarjetas en las que expresará sus temores. En este momento sus miedos saldrán de su cuerpo y se plasmarán en el papel, que después será guardado en la caja. El hecho de **tomar conciencia de ellos, de verbalizarlos y exteriorizarlos es tremendamente beneficioso**.

Antes de introducirlos en la caja, podemos tratar de profundizar un poco más realizando las siguientes cuestiones, o ayudando al pequeño a resolverlas:

Pedirle que verbalice su miedo.

- ¿Cuándo lo siento?

- ¿Por qué?

- ¿Qué ocurre cuando tengo miedo? ¿Cómo me siento? ¿Cómo responde mi cuerpo?

- ¿Qué cosas podré hacer si este miedo desaparece?

A continuación nos desharemos de él introduciéndolo en la cajita y le recordemos que los miedos, alguna vez, pueden escaparse, y que en caso de que esto suceda, les pediremos educadamente que vuelvan a su lugar, dentro de la caja. Una vez que hayan desaparecido, podemos sacarlos de la caja y tirarlos, enterrarlos o lo que consideremos más apropiado, para que el niño sea consciente de que ha superado su temor y se sienta orgulloso de ello.

Realizando esta actividad seguro que pasaréis un rato divertido, al mismo tiempo que ayudas a tu pequeño a superar sus temores. Es muy importante crear un clima relajado, donde él se sienta cómodo para hablar sin ser juzgado o criticado. Sentir que tú le apoyas será fundamental para superar sus temores.

CAPÍTULO 18

Educación emocional en la escuela

> *"La educación es el arma más poderosa para cambiar el mundo."*
>
> *-Nelson Mandela*

Si eres docente y has llegado hasta este capítulo, ya sabrás que ha sido demostrado que la emoción es un elemento esencial para el aprendizaje. Es imprescindible que, como maestros, tengamos conocimiento de cómo las emociones afectan a adultos y niños, y que introduzcamos estos conocimientos en nuestro día a día en el aula.

Es muy importante que, tanto nosotros como nuestros alumnos, poseamos las herramientas para reconocer nuestras emociones, les pongamos nombre y después, sepamos gestionarlas adecuadamente sin perder la serenidad. Las emociones forman parte de todos nosotros y tendremos que convivir con ellas todos los días de nuestra vida, así que cuanto más las conozcamos y las sepamos manejar, mejor para nosotros. Por supuesto, este aprendizaje, como todos, se adaptará a la edad y capacidad de cada alumno.

> *Lo ideal es comenzar realizando ejercicios muy sencillos e incrementar poco a poco los conocimientos y la intensidad de las actividades, según las necesidades del grupo y de cada niño en particular.*

Nuestra ley educativa defiende una educación integral del alumno, pero... ¿realmente estamos ofreciendo a los niños un desarrollo de todas sus capacidades? España es uno de los países que va a la cola en cuanto a rendimiento escolar se refiere. Si tratásemos de integrar las emociones en las aulas, estaríamos más cerca de esa educación integral que defiende la ley. ¿Por qué seguir centrándonos sólo en las capacidades físicas y cognitivas de nuestros alumnos si vemos que no da resultado? ¿Por qué no incluir las capacidades emocionales y sociales en los programas educativos?

Antes de continuar, déjame felicitarte por tus inquietudes: por querer formar parte activa en el cambio de paradigma educativo. Anteriormente, te he expuesto algunos de los beneficios de introducir la educación emocional en el aula. Ahora ha llegado el momento de explicarte cómo. Espero que estas herramientas sean de gran ayuda para ti, tanto en tu labor profesional como en lo personal.

¿Cómo introducir la educación emocional en el aula?

La mejor forma de introducir la educación emocional en el aula de Infantil, es realizando pequeñas actividades que la trabajen de manera concreta. Los niños todavía no están familiarizados con estos términos, ni con prácticas como la meditación, la relajación, o la gestión de conflictos en grupo. Lo ideal, por supuesto, será que la Educación Emocional sea tratada de forma transversal en todas y cada una de las materias de la escuela, estando presente de forma permanente en la escuela. Pero hasta que toda la comunidad educativa tenga una formación y, sobre todo, *conciencia* de esta necesidad, deberemos comenzar por dar pequeños pasos, e ir avanzando poco a poco hasta lograr nuestro objetivo.

Un programa de educación emocional debería realizarse de la siguiente manera:

- Comenzaremos por pequeñas sesiones de *alfabetización emocional:* ponerle nombre a lo que sentimos.

- Después trataremos de relacionarlas con diferentes situaciones de la vida cotidiana: identificar qué emociones nos producen esas situaciones o personas (*reconocimiento de las emociones*). Es importante enseñar en este momento que debemos aceptar todas nuestras emociones. No hay emociones buenas ni malas.

- A partir de ahí, aprenderemos la mejor forma de actuar en cada caso (*gestión emocional*). Nos centraremos en adquirir las herramientas adecuadas para gestionar nuestras emociones.

- Por último, trataremos de reconocer en los demás sus emociones y comprender que no todos sentimos lo mismo ante una determinada situación *(habilidades sociales)*. Desde nuestro conocimiento y experiencia será siempre mucho más fácil ayudar a los demás.

Para llevar a cabo esta tarea, se han elaborado diferentes programas. Uno de ellos lo encontrarás dentro de mi libro: *"Educar las emociones en la primera infancia"*, que incluye un programa de intervención que presenté como Proyecto de Final de Grado con el que me concedieron la Matrícula de Honor en la Universidad Internacional de La Rioja (UNIR).

En un principio fue pensado para ser utilizado en las aulas de segundo ciclo de Educación Infantil, pero lo he retocado y ampliado, para tratar de que llegue al máximo número posible de niños. Si tus alumnos se encuentran en primer ciclo de Educación Primaria, estoy segura de que podrás realizar la mayoría de las actividades del programa. Quizás tendrás que adaptar alguna de ellas, pero no creo que te presente mayor dificultad.

Este programa no es el único, afortunadamente cada día es más fácil encontrar herramientas para incluir la Educación Emocional en las aulas. Lo más importante es encontrar a docentes motivados, ilusionados por ofrecer la mejor educación a sus alumnos. Si deseas recibir formación en innovación educativa, no puedo dejar de recomendarte que visites http://escuelaconcorazon.com y que le eches un vistazo a nuestro catálogo de cursos y, sobre todo, a los magníficos docentes que forman la escuela.

CAPÍTULO 19

Educación emocional en la familia

> *"Aprecia todos los momentos felices, hacen un buen colchón para la vejez."*
>
> *- Booth Tarkington*

Tras un largo y espero que ameno recorrido por los primeros años de vida de los pequeños, después de aprender un poco más acerca de su desarrollo y conocer algunas pautas de actuación, por fin llegamos al final de este libro.

Deseo que tus dudas acerca de la educación de tus hijos y/o alumnos hayan sido resueltas, pero, sobre todo, espero haberte transmitido un sentimiento de seguridad a la hora de actuar y animarte a convertirte en la mejor versión de ti mismo, ya no sólo por tu propia felicidad, sino porque conseguirla será el mejor ejemplo que le puedes dar a tus niños. Una vez más, y no me cansaré de repetirlo: *eres su ejemplo*. Pero no eres solamente un modelo de lo que está bien o lo que está mal, sino que también eres su representación del concepto **NORMALIDAD**.

No te conformes con el hecho de que para tu hijo sea normal tener una vida triste, apagada, estresada y sin ilusión.

Recuerda: *Desarrollarte como individuo no es un acto egoísta, al contrario, tu felicidad es el mejor regalo que le puedes hacer a tu hijo.*

Neurobiología de la felicidad

¿Qué es la felicidad? ¿Dónde se encuentra? ¿Cómo se cultiva?

Un equipo de investigadores de la Universidad de Kyoto (Japón), se ha adentrado en la misteriosa selva del cerebro en busca de las fuentes de la felicidad, una emoción que está también muy relacionada con la **autoestima** y la **confianza en uno mismo**.

Examinaron el cerebro de los participantes en su investigación después de haberles pasado un test para conocer lo felices que eran habitualmente, la intensidad con que sienten las emociones, y cómo de satisfechos estaban con sus vidas. Su análisis, publicado en **Scientific Reports**[5], reveló que quienes obtuvieron las calificaciones más altas en las encuestas de felicidad tenían *más materia gris* en una zona del cerebro denominada *precuneus*, o precúneo, situada *en el lóbulo parietal*.

Al parecer, en esa zona del cerebro toma cuerpo el sentimiento subjetivo de felicidad, que resulta de integrar *un componente emocional* (por ejemplo, experimentar más placer y menos desagrado) *y otro cognitivo* (por ejemplo, la evaluación de la propia vida como satisfactoria).

¿Se puede entrenar la felicidad?

El autor principal de la investigación, Wataru Sato, del Departamento de Psiquiatría del Desarrollo Neurológico, Habilitación y Rehabilitación, de la Escuela Superior de Medicina de la Universidad de Kyoto, apunta una forma de fortalecer esta región del cerebro: *"Varios estudios han demostrado que* **la meditación** *aumenta la materia gris en el precúneo".* Y señala que, dado que ese es el lugar donde parece tomar cuerpo la felicidad, sería interesante poner en marcha programas que ayuden a encontrar este escurridizo concepto: el objetivo máximo que todos tenemos en la vida. La técnica

[5]https://www.ncbi.nlm.nih.gov/pubmed/26586449

conocida como *mindfulness* trabaja con las emociones para regularlas.

Bertrand Russell, sin conocer estos detalles, da otros interesantes consejos en su libro "La conquista de la felicidad":

> *"Cuantas más cosas le interesen a un hombre, más oportunidades de felicidad tendrá, y menos expuesto estará a los caprichos del destino, ya que si falla una de las cosas siempre puede recurrir a la otra".*

Cultiva los pequeños placeres del día a día

Además de la meditación, hay actividades cotidianas que aumentan nuestro nivel de bienestar como pueden ser: leer, comer chocolate, tomar el sol, hacerse un masaje, practicar yoga, pintar, bailar, cantar, escuchar música, moldear, escribir, hacer ejercicios respiratorios, correr, ir en bicicleta, nadar, tomarse una bebida relajante... Disfrutar de estos pequeños placeres de la vida, ser conscientes de ellos y agradecerlo, aumentará nuestra sensación de felicidad.

Una de las razones porque el hecho de *jugar* es tan importante tanto para grandes como para pequeños, es porque solo el hecho de dedicar un rato a pasarlo bien ya hace aumentar los niveles de endorfinas. Sonreír, reír, hacer el tonto con los amigos, ya es saludable porque sí. Dedica cada día parte de tu tiempo a jugar como los niños saben hacer. Disfruta del presente... Aunque suene a tópico, recuerda que antes de lo que piensas habrá muchas cosas que a tu pequeño ya no le apetecerá hacer: ¡Los niños crecen!

Actividad familiar... ¡Los *"deberes"* para este próximo año!

Quiero despedirme dejándote una pequeña tarea, muy bonita, para practicar en familia, que os ayudará a ser un poquito más felices y, sobre todo, a centrar vuestra atención en las cosas positivas que nos suceden cada día. Se trata de un ejercicio muy sencillo, que te explico a continuación.

"El bote de la felicidad"

La idea es tener en casa un gran bote, transparente, en el que cada noche todos los miembros metan una nota con lo bueno que les ha pasado a lo largo del día: que el repartidor de pizza ha sido particularmente amable, un abrazo reconfortante con un amigo, un beso de tu hijo, un rato de silencio en un jardín, un baño con sales... cada uno tiene sus alegrías. Escribid todos esos momentitos que habitualmente dejáis pasar, porque lo que normalmente recuerda nuestro querido cerebro cada noche son las decepciones del día, las discusiones, los equívocos... en general los malos momentos.

El tiempo que tardaremos en escribirlo permite a nuestro cerebro fijar el recuerdo. Como ya sabes, tenemos memoria a corto y a largo plazo. Lo que pasa habitualmente es que todas estas cosas pasan tan deprisa... que no se fijan en la memoria. Las malas sí, porque el cerebro las recuerda, les da vueltas, y muchas quedan acumuladas como tareas pendientes de resolver. Pero las buenas no, por lo que es importante ser consciente de este fallo de nuestro cerebro.

Si entrenas a tus hijos desde pequeños a pensar en positivo, tienen algo muy importante que agradecerte. Es acostumbrarlos, igual que se lavan los dientes, a hacer de este gesto de agradecimiento y positivismo una rutina. Cuanto antes acostumbre uno a los niños a pensar en positivo, mejor.

Como ejemplo, yo hoy me siento feliz de terminar la redacción de este libro. De que tú lo estés leyendo ahora mismo, de que mi formación y experiencia estén contribuyendo, de alguna forma, a la felicidad de otras personas, de padres, madres y docentes. Y tú, deberías sentirte orgulloso por ocupar tu tiempo y tu esfuerzo en formarte, en aprender y mejorar, y así contribuir a la creación de una generación de niños felices.

Antes de despedirme, me gustaría pedirte un último favor y es que si este libro te ha resultado útil, si consideras que ha contribuido de forma positiva a la educación de tus pequeños, dediques unos segundos de tu tiempo a valorarlo en amazon.es o en la plataforma que lo hayas adquirido.

También me gustaría invitarte a visitar mi plataforma de innovación educativa, escuelaconcorazon.com, donde los mejores referentes del sector educativo te ofrecerán todos sus conocimientos para mejorar tu labor educativa.

Para cualquier duda, sugerencia o comentario, no dudes en ponerte en contacto conmigo a través de mi email: belen@escuelaconcorazon.com

Cerramos este libro tal y como hemos comenzado cada uno de sus capítulos, con una frase célebre, que nos invite a reflexionar:

> *"Educad a los niños y no será necesario castigar a los hombres".*
>
> *-Pitágoras.*

Made in the USA
Middletown, DE
25 August 2024